Contents

●本書中でガイドしてくれるキャラクター

 ラッコさん　　 メンダコさん

● 答え合わせは, 1 つずつていねいに行いましょう。[ ] は別の答えです。
● POINT は, 問題を解くときの考え方や注意点などです。間違えた問題の POINT は, 特によく読んで, もう一度問題を解いてみましょう。音声がある場合は, もう一度聞き直しましょう。

アルファベットの復習　P.8・9

2 (1) H W J E　(2) Z U G X
(3) I V T A　(4) Q O C R
3 (1) b q r n　(2) p y l k
(3) f d a m　(4) u s d j

1 Words ① 国 1　P.10・11

2 (1) Kenya (Italy)
(2) Canada (Ghana)
(3) (India) Egypt
(4) Japan (Germany)
(5) (Greece) Brazil
(6) America (Australia)
3 (1) Kent is from Canada.
(2) Rin is from Japan.

◀) 読まれた英語
2 (1) Italy　(2) Ghana　(3) India
(4) Germany　(5) Greece　(6) Australia

POINT
3 人の名前や国名の最初の文字は大文字で書きましょう。

1 Words ② 国 2　P.12・13

2 (1) Sweden (Singapore)
(2) (Norway) Morocco
(3) Russia (Spain)
(4) U.K. (Peru)
(5) Switzerland (New Zealand)
(6) (Turkey) Vietnam
3 (1) (例) 私はまきです。　I'm Maki.
(2) (例) 私は日本出身です。
I'm from Japan.

◀) 読まれた英語
2 (1) Singapore　(2) Norway　(3) Spain
(4) Peru　(5) New Zealand　(6) Turkey

POINT
3 「私は～出身です。」は I'm[I am] from ～. であらわします。

1 Words in Sentences 国　P.14・15

2 (1) I am from Egypt.
(2) Linh is from Vietnam.
3 (1) I'm Takuya.　(2) I'm from India.
(3) I'm from Morocco.
(4) Ben is from Norway.
4 (例) I'm Riku.　I'm from Japan.

POINT
3 I'm は I am を短くした形です。

2 Words ① 料理 1　P.16・17

2 (1) 2　(2) 4　(3) 1　(4) 3
3

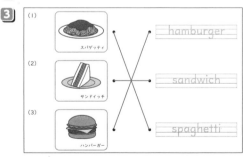

(1) スパゲッティ — spaghetti
(2) サンドイッチ — sandwich
(3) ハンバーガー — hamburger

4 (1) I like pizza.
(2) I don't like orange juice.

◀) 読まれた英語
2 rice ball, steak, milk, spaghetti

2 Words ② 料理2（りょう り） P.18・19

2 (1) 4 (2) 2 (3) 3 (4) 1

3

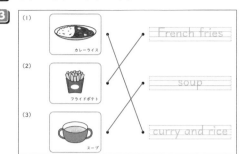

(1) カレーライス —— curry and rice
(2) フライドポテト —— French fries
(3) スープ —— soup

4 (1) （例）私はフライドポテトが好きです。

I like French fries.

(2) （例）私はパンが好きです。

I like bread.

🔊 **読まれた英語**

2 rice, pancakes, bread, fried chicken

🚩 **POINT**

4(1) 「私はホットドッグが好きです。」という場合は I like hot dogs. と s をつけます。

2 Words in Sentences 料理（りょう り） P.20・21

2 (1) I like curry and rice.

(2) I don't like noodles.

3 (1) I like cake.

(2) I like fried chicken.

(3) I don't like milk.

(4) Do you like ice cream?

4 （例）I like spaghetti. I don't like salad.

🚩 **POINT**

2(2) 「私は〜が好きではありません。」は I don't like 〜. であらわします。

3 Words ① 生き物1（もの） P.22・23

2 (1) (goat) cow

(2) dolphin (butterfly)

(3) duck (dog) (4) (ant) frog

(5) giraffe (gorilla) (6) (fox) bear

3 （例）私はぞうが好きです。

I like elephants.

🔊 **読まれた英語**

2 (1) goat (2) butterfly (3) dog
(4) ant (5) gorilla (6) fox

🚩 **POINT**

3 特定のぞうではなく、種類全体として好きなので、(e)s をつけて複数の形にしましょう。

3 Words ② 生き物2（もの） P.24・25

2 (1) pig (sheep) (2) tiger (lion)

(3) (koala) monkey

(4) snake (mouse)

(5) (rabbit) penguin

(6) (panda) zebra

3 (1) I like horses.

(2) I don't like spiders.

🔊 **読まれた英語**

2 (1) sheep (2) lion (3) koala
(4) mouse (5) rabbit (6) panda

🚩 **POINT**

2(1) sheep（羊）は1頭でも2頭以上でも形が変わりません。「私は羊が好きです［好きではありません］。」という場合は、I like[don't like] sheep. とあらわします。

3 Words in Sentences 生き物（もの） P.26・27

2 (1) I like lions.

(2) I don't like foxes.

3 (1) I like butterflies.

(2) Aki and Ken like dolphins.

(3) I don't like ants.

(4) Do you like frogs?

4 （例）I like dogs. I don't like bears.

🚩 **POINT**

4 特定の犬やくまではなく、種類全体をさすので、(e)s をつけて複数の形にしましょう。

4 Words ① 果物・野菜1（くだもの・や さい） P.28・29

2 (1) cucumber (cabbage)

(2) (corn) eggplant

(3) (beans) grapes

(4) cherry (carrot)

(5) (broccoli) green pepper

(6) apple (kiwi fruit)

3 (例) 私はにんじんがいちばん好きです。

I like carrots the best.

🔊 読まれた英語

2 (1) cabbage (2) corn (3) beans
(4) carrot (5) broccoli (6) kiwi fruit

---

④ Words ② 果物・野菜2 P.30・31

2 (1) (potato) onion

(2) peach (tomato)

(3) spinach (lettuce)

(4) (watermelon) strawberry

(5) pineapple (mushroom)

(6) mango (pear)

3 (1) Do you like spinach?

(2) I don't like mangos.

🔊 読まれた英語

2 (1) potato (2) tomato (3) lettuce
(4) watermelon (5) mushroom (6) pear

POINT
3 (1)spinach(ほうれん草)は数えられない
野菜なので, es はつけません。

---

④ Words in Sentences 果物・野菜 P.32・33

2 (1) I like strawberries.

(2) I don't like green peppers.

3 (1) I like corn.

(2) Lisa and Takuya like cherries.

(3) Do you like grapes?

(4) I don't like onions.

4 (例) I like peaches.

I don't like tomatoes.

POINT
3 (1) corn(とうもろこし)は数えられない野
菜なので, s はつけません。
4 watermelon, melon, pineapple は, I (don't)
like ～. という場合は s をつけません。

1

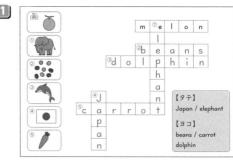

3 (1) I'm from Sweden.

I like penguins.

(2) I'm from Brazil. I like dogs.

4 (例) I'm Hana. I'm from Japan.

I like spaghetti.

🔊 読まれた英語

2 (1) I'm Sophia. I'm from Italy. I like
noodles.
(2) I'm Tom. I'm from America. I like
curry and rice.
(3) I'm Mei. I'm from China. I like pizza.

POINT
4 自分の名前と出身国名の最初の文字は大文
字で書きましょう。好きな食べ物には, **2**
で学んだ料理や**4**で学んだ果物・野菜を書
いてみましょう。

---

⑤ Words ① 色 P.36・37

2 (1)(green) blue (2) black (brown)

(3) orange (purple) (4)(white) pink

(5)(yellow) red (6)(blue) black

3 (1) (例)私は赤色が好きです。

I like red.

(2) (例)私は黒色のペンを持っています。

I have a black pen.

2 (1) green　(2) brown　(3) purple
(4) white　(5) yellow　(6) blue

---

5 Words ② 身の回りのもの　P.38・39

2 (1) computer　(box)　(2) (ruler)　pen
(3) bag　(ball)　(4) pencil　(desk)
(5) hat　(bed)　(6) (cap)　chair

3 (1) I have a computer.
(2) I want a new notebook.

🔊 読まれた英語

2 (1) box　(2) ruler　(3) ball　(4) desk
(5) bed　(6) cap

POINT
3(2) notebook は note book と 2 語で書か
ないように注意しましょう。

---

5 Words in Sentences 色／身の回りのもの　P.40・41

2 (1) I have a ruler.
(2) I want a bag.

3 (1) I like yellow.
(2) Do you like blue?
(3) I have a white ball.
(4) I want a chair.

4 (例) I like pink. I want a bag.

POINT
4ほしいものが数えられるものの場合は，I
want のあとに a を置きます。2 つ以上ほし
い場合は，複数形にして I want bags. とし
ます。I want a new bag. 「私は新しいバッ
グがほしいです。」と書いてもよいです。

---

6 Words ① 月　P.42・43

2 (1) August　(February)
(2) (July)　June
(3) November　(September)
(4) (January)　October
(5) (March)　May
(6) December　(April)

---

3 (1) I like April.
(2) We have our sports day in
October.

🔊 読まれた英語

2 (1) February　(2) July　(3) September
(4) January　(5) March　(6) April

POINT
3月名の最初の文字は大文字で書きましょう。

---

6 Words ② 序数　P.44・45

2 (1) 2nd　(4th)　(2) (8th)　10th
(3) (13th)　30th　(4) (17th)　27th
(5) (16th)　29th　(6) (21st)　12th

3 (1) (例)私の誕生日は11月6日です。
My birthday is November 6th.
(2) (例)今日は5月20日です。
It is May 20th today.

🔊 読まれた英語

2 (1) 4th　(2) 8th　(3) 13th　(4) 17th
(5) 16th　(6) 21st

---

6 Words in Sentences 月／序数　P.46・47

2 (1) My birthday is October 22nd.
(2) It is February 12th today.

3 (1) I like January.
(2) My birthday is March 2nd.
(3) We have our sports day in July.
(4) It is April 11th today.

4 (例) My birthday is July 3rd.
We have our sports day in May.

---

7 Words ① 曜日　P.48・49

2 (1) 4　(2) 2　(3) 1　(4) 3

③
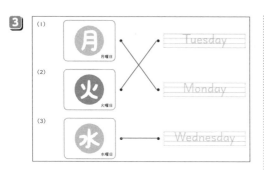

④ (1) (例) 今日は水曜日です。

It's Wednesday today.

(2) (例) 私は金曜日が好きです。

I like Fridays.

🔊 読まれた英語
② Saturday, Friday, Sunday, Thursday

POINT
④曜日の最初の文字は大文字で書きましょう。

---

⑦ Words② 教科　　P.50・51

② (1) (math) music
(2) (Japanese) English
(3) (arts and crafts) P.E.
(4) social studies (music)
(5) moral education (home economics)
(6) (calligraphy) science

③ (1) (例) 私は英語がとくいです。

I'm good at English.

(2) (例) 月曜日には道徳があります。

I have moral education on Mondays.

🔊 読まれた英語
② (1) math (2) Japanese (3) arts and crafts
(4) music (5) home economics
(6) calligraphy

POINT
③Japanese(国語)やEnglish(英語)は，最初の
文字を大文字で書くことに注意しましょう。

---

⑦ Words in Sentences 曜日／教科　　P.52・53

② (1) I have arts and crafts on

Wednesdays.

---

(2) We have moral education on

Thursdays.

③ (1) I like Japanese and calligraphy.

(2) We have home economics on

Fridays.

(3) I have English on Mondays and

Tuesdays.

④ (例) I'm good at music.

I have science on Wednesdays.

POINT
④on Wednesdays のように，曜日にsをつけ
ると「毎週○曜日に」という意味になります。

5~7 確認問題 ②　　P.54・55

①
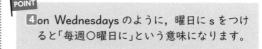

②
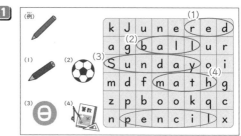

③ (1) My birthday is April 3rd.

I want a desk for my birthday.

(2) I like P.E.

We have P.E. on Fridays.

④ (例) My birthday is July 7th.

I want a cap for my birthday.

🔊 読まれた英語
① (1) red (2) ball (3) Sunday (4) math
② (1) I'm Samantha. I'm good at English.
We have English on Thursdays.
(2) I'm Daisy. My birthday is May 21st. I
want a blue bag for my birthday.
(3) I'm Mark. I like arts and crafts. We
have arts and crafts on Tuesdays.

(4) wrestling

⑧ Words ① スポーツ 1　P.56・57

② (1) rugby (badminton)
　(2) (dodgeball) basketball
　(3) soccer (tennis)
　(4) basketball (softball)
　(5) (volleyball) baseball
　(6) (table tennis) badminton

③ (1)（例）私はサッカーがとくいです。

I'm good at soccer.

　(2)（例）私は野球をします。

I play baseball.

🔊 読まれた英語

② (1) badminton　(2) dodgeball　(3) tennis
　(4) softball　(5) volleyball　(6) table tennis

⑧ Words ② スポーツ 2／楽器　P.58・59

② (1) (skating) skiing
　(2) guitar (piano)
　(3) (violin) recorder
　(4) (wrestling) surfing

③ (1)（例）私はサッカーが好きです。

I like soccer.

　(2)（例）私はピアノを演奏します。

I play the piano.

　(3)（例）私はギターを持っています。

I have a guitar.

🔊 読まれた英語

② (1) skating　(2) piano　(3) violin

⑧ Words in Sentences スポーツ／楽器　P.60・61

② (1) I have a recorder.
　(2) I play the violin.

③ (1) I play volleyball.
　(2) I play the guitar.
　(3) I am good at table tennis.
　(4) I don't like skating.

④（例）I like basketball.

I play the guitar.

⑨ Words ① 「だれが, だれは」など　P.62・63

② (1) 2　(2) 4　(3) 3　(4) 1

③
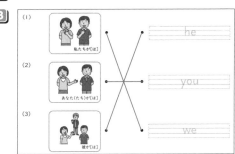

④ (1) She is Yui.
　(2) It is a library.

🔊 読まれた英語

② you, it, I, she

⑨ Words ② 家族・身の回りの人　P.64・65

② (1) 3　(2) 4　(3) 2　(4) 1

3 (1)

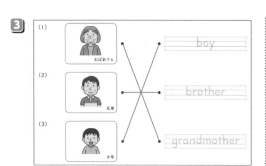

boy

brother

grandmother

4 (1) He is my grandfather.

(2) Who is that girl?

📢 読まれた英語

2 mother, father, friend, sister

POINT

4(1) grand father と 2 語で書かないように
注意しましょう。

---

9 Words ③ 性格（せいかく）　P.66・67

2 (1) 3 (2) 1 (3) 2 (4) 4

3 (1)

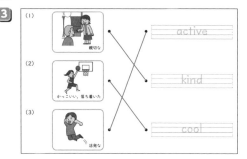

active

kind

cool

4 (1) (例) 私は活発です。　I am active.

(2) (例) 私の先生はおもしろいです。

My teacher is funny.

📢 読まれた英語

2 strong, funny, friendly, brave

---

9 Words in Sentences 「だれが，だれは」など／
家族（かぞく）・身（み）の回りの人／性格（せいかく）　P.68・69

2 (1) He is friendly.

(2) She is brave.

3 (1) He is strong.　(2) She is funny.

(3) He is active.　(4) She is gentle.

4 (例) My brother is kind.

---

10 Words ① 天気・季節（きせつ）　P.70・71

2 (1) 2 (2) 4 (3) 3 (4) 1

3 (1)

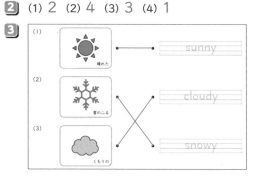

sunny

cloudy

snowy

4 (1) (例) 晴れです。　It is sunny.

(2) (例) 夏です。　It is summer.

📢 読まれた英語

2 fall, summer, windy, rainy

POINT

4 天気や季節について「～です。」というとき
は，It is ～. であらわします。

---

10 Words ② 状態（じょうたい）・様子（ようす）・気持（きも）ち　P.72・73

2 (1)(small) long　(2)(short) hot

(3) fine (big)　(4)(cold) sleepy

3 (1) (例) 私のバッグは小さいです。

My bag is small.

(2) (例) 私の髪の毛は長いです。

My hair is long.

(3) (例) 私は悲しいです。　I'm sad.

📢 読まれた英語

2 (1) small (2) short (3) big (4) cold

POINT

3 small ⇔ big, long ⇔ short, sad ⇔ happy
のように，反対の意味の語もセットで覚え
ましょう。

7

⑩ Words in Sentences 天気・季節／状態・様子・気持ち P.74・75

② (1) It's hot in summer.
　(2) It's cold in winter.

③ (1) It is windy in Osaka today.
　(2) I'm tired.
　(3) It is cold in Fukuoka today.
　(4) I'm sleepy now.

④ (例) It is cloudy today.
　I like winter.

⑪ Words ① 施設 P.76・77

② (1) 3　(2) 4　(3) 2　(4) 1

③
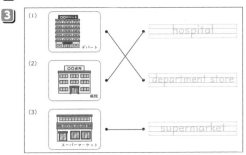
(1) hospital
(2) department store
(3) supermarket

④ (1) Is that a restaurant?
　(2) We have a museum in our town.

🔊 読まれた英語
② bookstore, fire station, post office, restaurant

POINT
④ 施設名はつづりがむずかしい語（句）が多いので気をつけましょう。

⑪ Words ② 名所や自然 P.78・79

② (1) 2　(2) 1　(3) 4　(4) 3

③
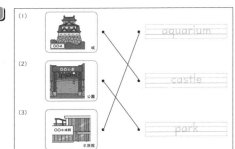
(1) aquarium
(2) castle
(3) park

④ (例) 私は動物園に行きたいです。
　I want to go to a zoo.

🔊 読まれた英語
② sea, lake, zoo, mountain

POINT
④ 母音（アイウエオに近い音）で始まる語の前には，aではなくanを置きます。

⑪ Words in Sentences 施設／名所や自然 P.80・81

② (1) We have a hospital in our town.
　(2) We want to go to a restaurant.

③ (1) That is a museum.
　(2) I want to go to an aquarium.
　(3) This is a post office.
　(4) We have a castle in our town.

④ (例) We have a bookstore in our town.

8〜11 確認問題 ③ P.82・83

①

z	m	u	s	e	u	m	z
o	b	f	w	c	o	o	l
a	g	h	j	k	t	v	
n	y	z	c	v	c	h	d
p	a	c	t	i	v	e	r
q	f	a	t	h	e	r	m

②
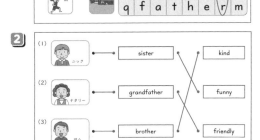
(1) sister — kind
(2) grandfather — funny
(3) brother — friendly

③ (1) Kazuyo is my grandmother.
　She is gentle.
　(2) Tsubasa is my brother.
　He is strong.

④ (例) We have a post office in our town. I like castles.

8

1 (1) active (2) mother (3) cool
(4) zoo

2 (1) I'm Nick. I like my sister. She is funny.
(2) I'm Natalie. I like my grandfather. He is friendly.
(3) I'm Sam. I like my brother. He is kind.

POINT

4 (1) 母音（アイウエオに近い音）で始まる語の前には，a ではなく an を置きます。
(2) 1つの城ではなく，城というもの全体をさすので，castle<u>s</u> と s をつけて複数形にします。

12 Words ① 動作・状態 1　P.84・85

2 (1) (speak) sing　(2) (jump) dance
(3) (run) swim　(4) cook (walk)
(5) (skate) speak　(6) run (ski)

3 (1) (例)私はじょうずにおどることができます。
I can dance well.
(2) (例)私の友だちは泳ぐことができます。
My friend can swim.

読まれた英語

2 (1) speak (2) jump (3) run
(4) walk (5) skate (6) ski

POINT

3 「…は～することができます。」は，〈主語＋ can ＋動詞 ～.〉であらわします。

12 Words ② 動作・状態 2　P.86・87

2 (1) have (like)　(2) (play) study
(3) (help) eat　(4) (want) go
(5) (enjoy) join　(6) (see) practice

3 (1) I want to study math.
(2) I have a dog.

読まれた英語

2 (1) like (2) play (3) help
(4) want (5) enjoy (6) see

POINT

3 (2) have には「～を持っている」「～を飼っている」のほかに，「～を食べる，飲む」という意味もあります。

12 Words in Sentences 動作・状態 1・2　P.88・89

2 (1) I want to study math.
(2) She can play the guitar well.
(3) I can cook curry and rice.

3 (1) I have a computer.
(2) My brother can run fast.
(3) I can speak English well.
(4) I want to ski.

4 (例) I can skate.

POINT

3 (4) ski は 1 語で「スキーをする」という意味なので，play ski のようにはしません。
4 well「じょうずに」をつけて，I can skate <u>well</u>. などと書いてもよいです。

13 Words ① 動作・状態 3　P.90・91

2 (1) 2 (2) 4 (3) 3 (4) 1

3 (1) go to bed　(2) watch TV
(3) do my homework　(4) get up

4 (例)私はふだん午後7時にふろに入ります。　I usually take a bath at 7 p.m.

読まれた英語

2 eat breakfast, brush my teeth, take a bath, go home

POINT

3 (2) watch と see はどちらも「～を見る」という意味ですが，watch は「（動くものや変化するものを）じっと見る」，see は「（自然と）目に入る」ということをあらわします。

13 Words ② 頻度・時刻・場所　P.92・93

2 (1) 3 (2) 1 (3) 2 (4) 4

3 (1) go to school　(2) at 8:00
(3) in the park

④ (1)（例）私は部屋のそうじをときどきします。 I sometimes clean my room.

(2)（例）私は6時50分に起きます。 I get up at 6:50.

② never, always, usually, sometimes

② always は 100 %, usually は 約80%, sometimes は 約30〜50％, never は 0% の頻度をあらわします。

---

⑬ Words in Sentences ・動作・状態3／頻度・時刻・場所 P.94・95

② (1) I never watch TV.

(2) We always eat breakfast at 7:30.

③ (1) I do my homework at 7:30.

(2) We usually run in the park.

(3) I take a bath at 9:00.

(4) I sometimes go to the amusement park.

④ （例）I usually get up at 7:00.

② never や always などの頻度をあらわす語は，主語(…は)と動作・状態をあらわす語(〜します)の間に置きます。

---

⑭ Words① 過去の動作・状態 P.96・97

② (1) 2 (2) 1 (3) 4 (4) 3

③
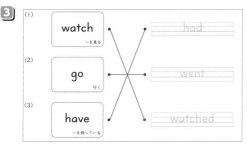

④ (1) I ate spaghetti.

(2) We went to the zoo.

---

② enjoyed, played, ate, saw

④(1) eat「(〜を)食べる」の過去形は ate です。
(2) go「行く」の過去形は went です。

---

⑭ Words② 感想・気持ち P.98・99

② (1) 2 (2) 4 (3) 3 (4) 1

③
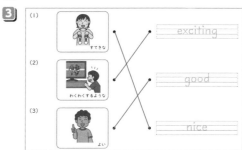

④ (1) This book is interesting.

(2) The pizza was delicious.

② fun, interesting, beautiful, great

④(1) interesting は 「おもしろい，興味深い」という意味です。

---

⑭ Words③ 〜ing(〜すること) P.100・101

② (1) 3 (2) 4 (3) 2 (4) 1

③
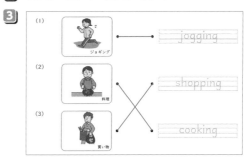

④ (1)（例）私はキャンプが好きです。 I like camping.

(2)（例）私は昨日買い物を楽しみました。 I enjoyed shopping yesterday.

② camping, shopping, reading, fishing

③ jogging と shopping は同じ文字を重ねるので，つづりに気をつけましょう。

⑭ Words in Sentences　過去の動作・状態／感想・気持ち／〜ing（すること）　P.102・103

② (1) I like fishing.

(2) We saw the castle yesterday.

(3) My sister played tennis yesterday.

③ (1) I watched TV yesterday.

(2) It was interesting.

(3) We like hiking.

(4) He enjoyed reading.

④ (例) I enjoyed fishing yesterday.

It was fun.

POINT

③(3) hiking は hike「ハイキングをする」に ing をつけた形です。hike の e をとって ing をつけることに注意しましょう。

⑫〜⑭ 確認問題 ④　P.104・105

① (1) study　(2) want

(3) ski　(4) jump

(1)〜(4) のアルファベットをならべてできる単語　swim

② (1) eat breakfast　(2) go home

(3) do my homework

③ (1) ハイキング ・ キャンプ

(2) 海 ・ 湖

(3) すてきだった ・ わくわくした

④ (例) I can play the piano well.

(例) My sister can dance well.

◆)) 読まれた英語

① (1) study　(2) want　(3) ski　(4) jump

② I'm Tomoya. I usually get up at 7:00. I eat breakfast at 7:20. I go to school at 7:50. I go home at 5:30. I do my homework at 7:00. I take a bath at 8:00. I go to bed at 10:00.

POINT

①(4) jump の m は n ではないので気をつけましょう。

③(1) 2文目に I enjoyed hiking. とあります。

(2) 3文目に I saw a beautiful lake. とあります。

(3) 最後の文に It was exciting. とあります。

⑮ Words ①　職業 1　P.106・107

② (1) baker　doctor

(2) artist　florist

(3) baseball player　game creator

(4) astronaut　fire fighter

(5) cartoonist　comedian

(6) dancer　actor

③ (1) My father is a bus driver.

(2) My sister is a cook.

◆)) 読まれた英語

② (1) baker　(2) florist

(3) game creator　(4) astronaut

(5) cartoonist　(6) actor

POINT

③(2) cook には，「（〜を）料理する」と「コック，料理人」という意味があります。

⑮ Words ②　職業 2　P.108・109

② (1) illustrator　singer

(2) pet groomer　programmer

(3) kindergarten teacher

soccer player

(4) musician　zookeeper

(5) nurse　scientist

(6) pastry chef　pilot

③ (1) I want to be a vet.

(2) She is a hairdresser.

◆)) 読まれた英語

② (1) illustrator　(2) programmer

(3) kindergarten teacher　(4) musician

(5) scientist　(6) pastry chef

③(2) hair dresser と2語で書かないように注意しましょう。

---

⑮ Words in Sentences 職業 P.110·111

② (1) I want to be a fire fighter.

(2) She is an actor.

③ (1) My sister is a nurse.

(2) He is an artist.

(3) I want to be a cartoonist.

(4) Mr. Tanaka is a vet.

(5) I am a kindergarten teacher.

④ (例) I want to be a game creator.

②(2) 母音（アイウエオに近い音）で始まる語の前には，a ではなく an を置きます。

---

⑯ Words① 部活 P.112·113

② (1) 1　(2) 4　(3) 2　(4) 3

③
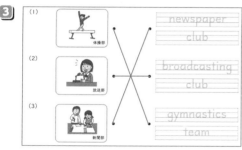

④ (1) She is in the brass band.

(2) I want to join the art club.

🔊 読まれた英語

② drama club, photography club, chorus, brass band

④「文化部に入っている」は is[am, are] in the ～ (club)，「運動部に入っている」は is[am, are] on the ～ team であらわします。

---

⑯ Words② 学校行事 P.114·115

② (1) (sports day) volunteer day

(2) (graduation ceremony) summer vacation

(3) music festival (drama festival)

(4) (school trip) entrance ceremony

(5) (marathon) sports day

(6) (volunteer day) music festival

③ (1) (例) 運動会は9月にあります。

We have our sports day in September.

(2) (例) 私は音楽会を楽しみたいです。

I want to enjoy our music festival.

🔊 読まれた英語

② (1) sports day　(2) graduation ceremony
(3) drama festival　(4) school trip
(5) marathon　(6) volunteer day

③(1) 月名の最初の文字は大文字で書きます。

---

⑯ Words in Sentences 部活／学校行事 P.116·117

② (1) I want to join the gymnastics team.

(2) We have our drama festival in December.

③ (1) I want to join the newspaper club.

(2) We have summer vacation in July and August.

(3) We are in the broadcasting club.

(4) I want to enjoy our music festival.

④ (例) I want to enjoy our entrance ceremony.

I want to join the art club.

③(1) newspaper は news paper と2語で書かないように注意しましょう。

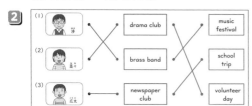

15·16 かくにんもんだい 確認問題 ⑤　　P.118·119

1 (1) d に○　　(2) v に○

(3) n に○　　(4) s に○

2

(1) → drama club ／ music festival

(2) → brass band ／ school trip

(3) → newspaper club ／ volunteer day

3 (1) I want to be a soccer player.

(2) I want to be a math teacher.

4 (例) I want to join the photography club.　I want to enjoy our drama festival.

🔊 **読まれた英語**

1 (1) dancer　(2) vet
(3) nurse　(4) scientist

2 (1) I'm Wataru.　I like music.　I want to join the brass band.　I want to enjoy our music festival.
(2) I'm Nana.　I want to join the drama club.　I want to enjoy our volunteer day.
(3) I'm Kota.　I want to join the newspaper club.　I want to enjoy our school trip.

POINT

1 (2) v と b の音を聞き間違えないようにしましょう。

まとめ のテスト ①　　P.120·121

1 (1) strawberry,　spring

(2) green, pig

(3) cat, cake

(4) Vietnam, ice cream

2 (1) イ　　(2) ア

3 He is my brother.

He is a musician.

He can play the guitar well.

He is cool.

4 (例) I'm good at English.

I have English on Mondays.

🔊 **読まれた英語**

1 (1) strawberry, spring　(2) green, pig
(3) cat, cake　(4) Vietnam, ice cream

2 (1) Hi.　My birthday is April 5th.　I like curry and rice.
(2) Hi.　My birthday is September 11th.　I like pizza.

POINT

2 日付の言い方を復習しておきましょう。

4 I have English on Mondays and Thursdays. のように曜日を2つ以上書いてもよいです。毎週あるときは Mondays のように s をつけます。

まとめ のテスト ②　　P.122·123

1

k	p	x	b	a	l	l	t
c	m	l	f	w	t	d	e
a	v	i	o	l	i	n	n
p	n	o	m	k	r	u	n
y	s	n	o	g	t	h	i
s	o	c	c	e	r	j	s

2 (1) ① 社会に○　　② 合唱部に○

(2) ① バスケットボール部に○

② 運動会に○

3 (1) ウ　(2) イ　(3) ア

4 (例) I went to the department store.

I enjoyed shopping.

It was fun.

🔊 **読まれた英語**

1 ball, cap, violin, soccer

2 (1) I'm Sayaka.　I want to study social studies.　I can sing well.　I want to join the chorus.
(2) I'm Toru.　I like sports.　I want to join the basketball team.　I want to enjoy our sports day.

POINT

3 (1) 2文目に I'm from Canada.（私はカナダ出身です。）とあります。

(2) 3文目に We have a zoo in our town.（私たちの町には動物園があります。）とあります。

(3) 最後の文に I want to be a zookeeper.（私は動物園の飼育員になりたいです。）とあります。

英単語書き練習ページ

☞ 本冊で学ぶ単語を，もっと書いて練習したいときに使いましょう。

☞ 書けるようになったら□に✓をしましょう。

① 国　p.10-15 　🔊 10 12

□ アメリカ　*America*

□ オーストラリア　*Australia*

□ ブラジル　*Brazil*

□ カナダ　*Canada*

□ 中国　*China*

□ エジプト　*Egypt*

□ フランス　*France*

□ ドイツ　*Germany*

□ ガーナ　*Ghana*

□ ギリシャ　*Greece*

□ インド　*India*

□ イタリア　*Italy*

□ 日本　*Japan*

□ ケニア　*Kenya*

□ 韓国　*Korea*

14

☐ モンゴル　Mongolia

☐ モロッコ　Morocco

☐ ニュージーランド　New Zealand

☐ ノルウェー　Norway

☐ ペルー　Peru

☐ ロシア　Russia

☐ シンガポール　Singapore

☐ スペイン　Spain

☐ スウェーデン　Sweden

☐ スイス　Switzerland

☐ タイ　Thailand

☐ トルコ　Turkey

☐ イギリス　U.K.

☐ ベトナム　Vietnam

② 料理　p.16-21　🔊 16 18

☐ ハンバーガー　hamburger

☐ めん類　noodles

☐ ピザ	pizza	
☐ おにぎり	rice ball	
☐ サラダ	salad	
☐ スパゲッティ	spaghetti	
☐ ステーキ	steak	
☐ サンドイッチ	sandwich	
☐ アイスクリーム	ice cream	
☐ 牛乳	milk	
☐ オレンジジュース	orange juice	
☐ パン	bread	
☐ カレーライス	curry and rice	
☐ フライドポテト	French fries	
☐ フライドチキン	fried chicken	
☐ ホットドッグ	hot dog	
☐ ごはん	rice	
☐ ホットケーキ	pancakes	
☐ スープ	soup	
☐ ケーキ	cake	

16

□ あり		ant
□ くま		bear
□ ちょう		butterfly
□ ねこ		cat
□ 牛		cow
□ 犬		dog
□ いるか		dolphin
□ あひる		duck
□ ぞう		elephant
□ きつね		fox
□ かえる		frog
□ きりん		giraffe
□ やぎ		goat
□ ゴリラ		gorilla
□ 馬		horse
□ さる		monkey
□ ねずみ		mouse

☐ パンダ 	panda	
☐ ぶた	pig	
☐ うさぎ	rabbit	
☐ 羊	sheep	
☐ へび	snake	
☐ くも	spider	
☐ とら	tiger	
☐ コアラ	koala	
☐ ライオン	lion	
☐ ペンギン	penguin	
☐ しまうま	zebra	

④ 果物・野菜 p.28-33 　🔊 28 30

☐ りんご	apple
☐ バナナ	banana
☐ 豆	beans
☐ ブロッコリー	broccoli
☐ キャベツ	cabbage

☐ にんじん	carrot	
☐ さくらんぼ	cherry	
☐ とうもろこし	corn	
☐ きゅうり	cucumber	
☐ なす	eggplant	
☐ ピーマン	green pepper	
☐ ぶどう	grapes	
☐ キウイフルーツ	kiwi fruit	
☐ レモン	lemon	
☐ レタス	lettuce	
☐ マンゴー	mango	
☐ メロン	melon	
☐ マッシュルーム	mushroom	
☐ たまねぎ	onion	
☐ オレンジ	orange	
☐ もも	peach	
☐ 洋なし	pear	
☐ パイナップル	pineapple	

☐ ほうれん草	spinach	
☐ いちご	strawberry	
☐ トマト	tomato	
☐ じゃがいも	potato	
☐ すいか	watermelon	

⑤ 色／身の回りのもの　p.36-41　🔊 36 38

☐ 赤色(の)	red
☐ 青色(の)	blue
☐ 黄色(の)	yellow
☐ 緑色(の)	green
☐ ピンク色(の)	pink
☐ オレンジ色(の)	orange
☐ 黒色(の)	black
☐ 白色(の)	white
☐ むらさき色(の)	purple
☐ 茶色(の)	brown
☐ ボール	ball

☐ 箱	box	
☐ (ふちのない)ぼうし	cap	
☐ バッグ	bag	
☐ ティーシャツ	T-shirt	
☐ コンピュータ	computer	
☐ ペン	pen	
☐ えんぴつ	pencil	
☐ ノート	notebook	
☐ じょうぎ	ruler	
☐ いす	chair	
☐ つくえ	desk	
☐ ベッド	bed	
☐ (ふちのある)ぼうし	hat	

6 月／序数 p.42-47 ◀) 42 44

☐ 1月	January	
☐ 2月	February	
☐ 3月	March	

☐ 4月
April

☐ 5月
May

☐ 6月
June

☐ 7月
July

☐ 8月
August

☐ 9月
September

☐ 10月
October

☐ 11月
November

☐ 12月
December

☐ 1番目の
1st

☐ 2番目の
2nd

☐ 3番目の
3rd

☐ 4番目の
4th

5th〜20th と 25th〜30th は，数字に th をつけた形だよ。

☐ 21番目の
21st

☐ 22番目の
22nd

☐ 23番目の
23rd

| ☐ 24 番目の | 24th |
| ☐ 31 番目の | 31st |

7 曜日／教科　p.48-53 🔊 48 50

☐ 日曜日 日	Sunday
☐ 月曜日 月	Monday
☐ 火曜日 火	Tuesday
☐ 水曜日 水	Wednesday
☐ 木曜日 木	Thursday
☐ 金曜日 金	Friday
☐ 土曜日 土	Saturday
☐ 国語（日本語）	Japanese
☐ 英語	English
☐ 算数	math
☐ 理科	science
☐ 社会	social studies
☐ 書写	calligraphy
☐ 体育	P.E.

☐ 図工	arts and crafts
☐ 家庭科	home economics
☐ 音楽	music
☐ 道徳	moral education

8 スポーツ／楽器　p.56-61　◀))56 58

☐ バドミントン	badminton
☐ 野球	baseball
☐ バスケットボール	basketball
☐ ドッジボール	dodgeball
☐ サッカー	soccer
☐ 卓球	table tennis
☐ テニス	tennis
☐ バレーボール	volleyball
☐ ラグビー	rugby

☐ ソフトボール 	softball	
☐ スケート	skating	
☐ スキー	skiing	
☐ 水泳	swimming	
☐ サーフィン	surfing	
☐ 陸上競技	track and field	
☐ レスリング	wrestling	
☐ ギター	guitar	
☐ ピアノ	piano	
☐ リコーダー	recorder	
☐ バイオリン	violin	

9 「だれが，だれは」など／
家族・身の回りの人／性格　p.62-69　◀) 62 64 66

☐ 私が[は]	I
☐ あなた(たち)が[は]	you
☐ 彼が[は]	he
☐ 彼女が[は]	she
☐ 私たちが[は]	we

25

日本語	英語
彼[彼女, それ]らが[は]	they
それが[は]	it
お父さん	father
お母さん	mother
兄弟	brother
姉妹	sister
おじいさん	grandfather
おばあさん	grandmother
友だち	friend
少年	boy
少女	girl
活発な	active
勇かんな	brave
人なつっこい	friendly
おかしな, おもしろい	funny
優しい	gentle
親切な	kind

□ 強い
strong

□ かっこいい，落ち着いた
cool

⑩ 天気・季節／状態・様子・気持ち　p.70-75　🔊 70 72

□ 晴れた
sunny

□ くもりの
cloudy

□ 雨の
rainy

□ 風の強い
windy

□ 雪のふる
snowy

□ 春
spring

□ 夏
summer

□ 秋
fall

□ 冬
winter

□ 大きい
big

□ 小さい
small

□ 長い
long

□ 短い
short

□ 暑い，熱い
hot

☐ 寒い，冷たい 	cold
☐ 元気な	fine
☐ うれしい	happy
☐ ねむい	sleepy
☐ おなかのすいた	hungry
☐ つかれている	tired
☐ 悲しい	sad

⑪ 施設／名所や自然　p.76-81　🔊 76 78

☐ 書店	bookstore
☐ コンビニ	convenience store
☐ デパート	department store
☐ 消防署	fire station
☐ 病院	hospital
☐ 博物館	museum
☐ 郵便局	post office

☐ レストラン	restaurant
☐ スーパーマーケット	supermarket
☐ 遊園地	amusement park
☐ 水族館	aquarium
☐ 城	castle
☐ 山	mountain
☐ 島	island
☐ 海	sea
☐ 湖	lake
☐ 公園	park
☐ 動物園	zoo

⑫ 動作・状態 1・2　p.84-89　🔊 84 86

☐ おどる	dance
☐ (〜を)歌う	sing
☐ 泳ぐ	swim
☐ スキーをする	ski

☐ 走る	run	
☐ スケートをする	skate	
☐ (〜を)料理する	cook	
☐ (〜を)話す	speak	
☐ とぶ	jump	
☐ 歩く	walk	
☐ 〜が好きである	like	
☐ (〜を)勉強する	study	
☐ 〜を食べる	eat	
☐ 〜を楽しむ	enjoy	
☐ 行く	go	
☐ 〜に参加する	join	
☐ 〜をする, 〜を演奏する	play	
☐ 〜を持っている, 〜を飼う	have	
☐ 〜を手伝う, 助ける	help	
☐ 〜がほしい	want	
☐ 〜を見る, 〜に会う	see	

☐ (〜を)練習する	practice

☐ 起きる	get up
☐ 朝食を食べる	eat breakfast
☐ 学校へ行く	go to school
☐ 家に帰る	go home
☐ 宿題をする	do my homework
☐ 歯をみがく	brush my teeth
☐ ふろに入る	take a bath
☐ テレビを見る	watch TV
☐ 寝る	go to bed
☐ いつも	always
☐ ふだん, たいてい	usually
☐ ときどき	sometimes
☐ 決して〜ない	never
☐【時刻】〜に	at

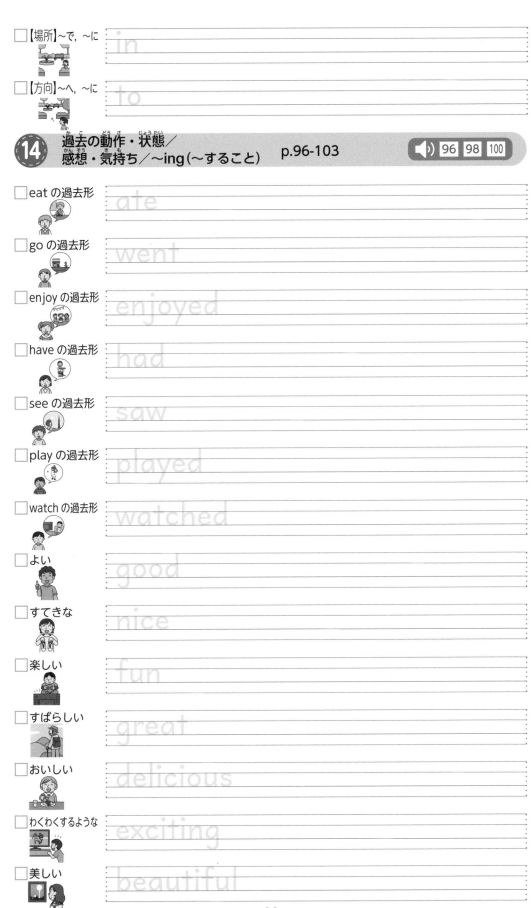

☐ 【場所】~で, ~に	in	
☐ 【方向】~へ, ~に	to	

14 過去の動作・状態／感想・気持ち／～ing（～すること） p.96-103 🔊 96 98 100

☐ eat の過去形	ate	
☐ go の過去形	went	
☐ enjoy の過去形	enjoyed	
☐ have の過去形	had	
☐ see の過去形	saw	
☐ play の過去形	played	
☐ watch の過去形	watched	
☐ よい	good	
☐ すてきな	nice	
☐ 楽しい	fun	
☐ すばらしい	great	
☐ おいしい	delicious	
☐ わくわくするような	exciting	
☐ 美しい	beautiful	

おもしろい, 興味深い	interesting
キャンプ	camping
つり	fishing
ハイキング	hiking
ジョギング	jogging
買い物	shopping
読書	reading
料理	cooking

15 職業 (しょくぎょう) p.106-111 🔊 106 108

俳優	actor
芸術家	artist
宇宙飛行士	astronaut
パン屋	baker
野球選手	baseball player
バス運転士	bus driver
まんが家	cartoonist

☐ コメディアン	comedian	
☐ コック	cook	
☐ ダンサー	dancer	
☐ デザイナー	designer	
☐ 医者	doctor	
☐ 消防士	fire fighter	
☐ 花屋	florist	
☐ ゲームクリエーター	game creator	
☐ 美容師	hairdresser	
☐ イラストレーター	illustrator	
☐ 幼稚園の先生	kindergarten teacher	
☐ 音楽家, ミュージシャン	musician	
☐ 看護師	nurse	
☐ パティシエ	pastry chef	
☐ ペットトリマー	pet groomer	
☐ パイロット	pilot	

☐ プログラマー	programmer
☐ 科学者	scientist
☐ 歌手	singer
☐ サッカー選手	soccer player
☐ 先生, 教師	teacher
☐ 獣医	vet
☐ 動物園の飼育員	zookeeper

16 部活・学校行事　p.112-117　◀)) 112 114

☐ 美術部	art club
☐ 吹奏楽部	brass band
☐ 放送部	broadcasting club
☐ 合唱部	chorus
☐ 演劇部	drama club
☐ 体操部	gymnastics team

☐ 新聞部
newspaper club

☐ 写真部
photography club

☐ 学芸会
drama festival

☐ 音楽会
music festival

☐ 夏休み
summer vacation

☐ ボランティアデー
volunteer day

☐ 入学式
entrance ceremony

☐ 卒業式
graduation ceremony

☐ マラソン大会
marathon

☐ 運動会
sports day

☐ 修学旅行
school trip

2112R1

いっきに極める **小学英語（えいご）** 表現に使える英単語 380

JN008458

いっきに極_{きわ}める

音声付き

小学英語

表現に使える英単語380

この本の特長と使い方

この本では，小学校で学ぶ英単語の中でも，書くことや発表することなどの活動に役立つ 380 語を，カテゴリーごとにまとめて学習します。英文の中で「聞く」「読む」「書く」練習をくり返すことで，英単語単体の習得に加えて，英文を読むこと，英文で表現することに役立つ単語力が身につきます。

Words ―英単語学習のページ―

同じカテゴリーの英単語をまとめて学習します。1 回の学習は，1 見開き 2 ページです

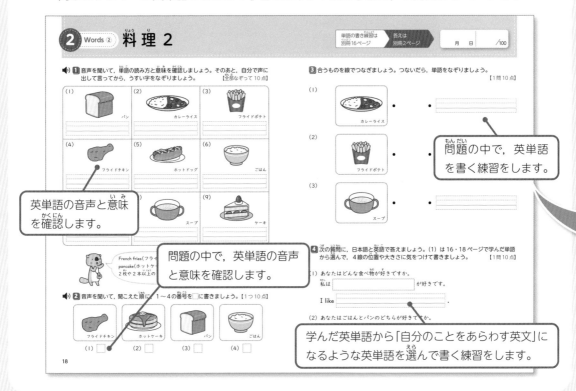

英単語の音声と意味を確認します。

問題の中で，英単語の音声と意味を確認します。

問題の中で，英単語を書く練習をします。

学んだ英単語から「自分のことをあらわす英文」になるような英単語を選んで書く練習をします。

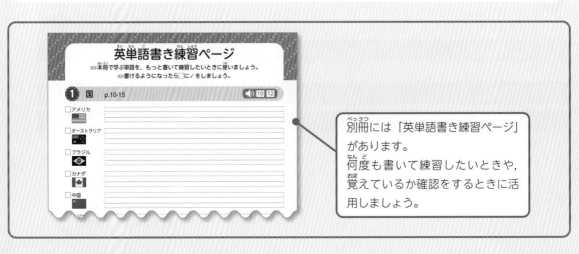

別冊には「英単語書き練習ページ」があります。
何度も書いて練習したいときや，覚えているか確認をするときに活用しましょう。

音声の聞き方

❶ 音声アプリきくもん アプリをダウンロード

①くもん出版のガイドページにアクセス
②指示にそって，アプリをダウンロード
③アプリのトップページで『いっきに極める小学英語　表現に使える英単語380』を選ぶ

【※初回に必要なシリアルコード　9784774332598 】

＊きくもんアプリは無料ですが，ネット接続の際の通話料金は別途発生いたします。

❷ くもん出版のサイトから，音声ファイルをダウンロードすることもできます。 ⟶

Words in Sentences ―英文と単語学習のページ―

Words のページで学んだ英単語を，英文の中で学習します。

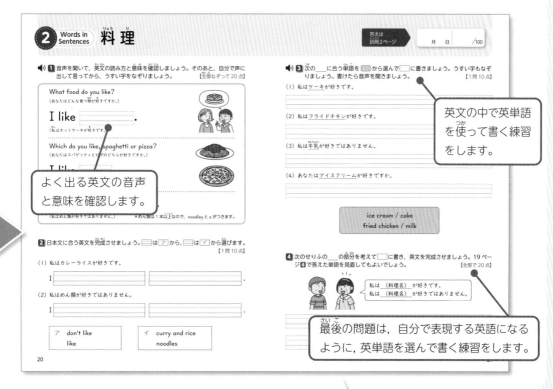

よく出る英文の音声と意味を確認します。

英文の中で英単語を使って書く練習をします。

最後の問題は，自分で表現する英語になるように，英単語を選んで書く練習をします。

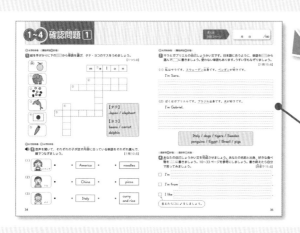

「確認問題」で，学んだ英単語を使った問題に取り組みます。

終わったら，別冊解答で答え合わせをして，まちがえた問題は正しい答えに直して100点にしましょう。

アルファベットの復習

🔊 **1** A～Q まで, 音声を聞いて, まねして言いましょう。そのあと, 声に出して言ってから, 自分で書きましょう。

【全部書いて 100 点】

大文字	小文字

A A

a a

B B

b b

C C

c c

D D

d d

E E

e e

↓E⃗ と書いてもいいよ。

F F

f f

↓F⃗ と書いてもいいよ。

G G

g g

Gのように, 2画目を曲げないこともあるよ。

H H

h h

アルファベットの書き順には正式な決まりはありません。
ここでは書きやすさなどを考えて書き順をしめしていますが,
この通りでなくてもかまいません。

月　日　　／100

I I

↓I→② と書いてもいいよ。

i i

J J

j j

K K

k k

L L

l l

M M

↓M↓ と書いてもいいよ。

m m

N N

↓N↓ と書いてもいいよ。

n n

O O

o o

P P

p p

Q Q

Q と書いてもいいよ。

q q

見本以外の書き順で書いてもいいよ！

7

アルファベットの復習

🔊 **1** R〜Zまで，音声を聞いて，まねして言いましょう。そのあと，声に出して言ってから，自分で書きましょう。

【全部書いて60点】

大文字 小文字

R R　　　r r

S S　　　s s

T T　　　t t

U U　　　u u

V V　　　v v

\/と書いてもいいよ。

W W　　　w w

\/\/と書いてもいいよ。

X X　　　x x

Y Y　　　y y

Z Z　　　z z

2 次の小文字を大文字に書きかえましょう。 ⎓ にアルファベットを書くときは，
6～8ページの表を見ながら，位置や大きさに気をつけて書きましょう。

【1問5点】

(1) h w j e →

(2) z u g x →

(3) i v t a →

(4) q o c r →

3 次の大文字を小文字に書きかえましょう。 ⎓ にアルファベットを書くときは，
6～8ページの表を見ながら，位置や大きさに気をつけて書きましょう。

【1問5点】

(1) B Q R N →

(2) P Y L K →

(3) F D A M →

(4) U S D J →

大文字と小文字の形がちがうアルファベットに注意しよう！

1 Words ① 国 1

🔊 **1** 音声を聞いて，単語の読み方と意味を確認しましょう。そのあと，自分で声に出して言ってから，うすい字をなぞりましょう。 【全部なぞって20点】

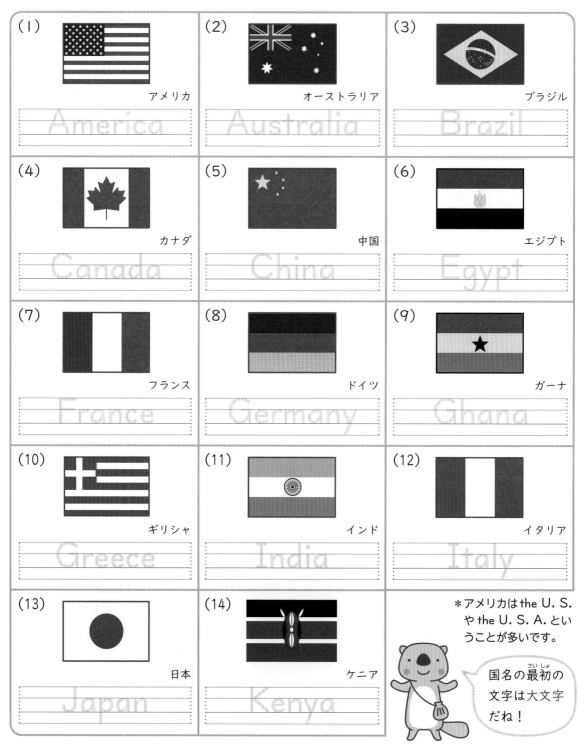

(1) アメリカ　America

(2) オーストラリア　Australia

(3) ブラジル　Brazil

(4) カナダ　Canada

(5) 中国　China

(6) エジプト　Egypt

(7) フランス　France

(8) ドイツ　Germany

(9) ガーナ　Ghana

(10) ギリシャ　Greece

(11) インド　India

(12) イタリア　Italy

(13) 日本　Japan

(14) ケニア　Kenya

＊アメリカはthe U. S.やthe U. S. A. ということが多いです。

国名の最初の文字は大文字だね！

🔊 **2** 音声を聞いて，聞こえた方の（　）内の単語に〇をしましょう。　【1問 10点】

（1）

ケニア
（　Kenya　）

イタリア
（　Italy　）

（2）

カナダ
（　Canada　）

ガーナ
（　Ghana　）

（3）

インド
（　India　）

エジプト
（　Egypt　）

（4）

日本
（　Japan　）

ドイツ
（　Germany　）

（5）

ギリシャ
（　Greece　）

ブラジル
（　Brazil　）

（6）

アメリカ
（　America　）

オーストラリア
（　Australia　）

3 次の日本文に合うように，下の▨から単語を選んで＝＝に書き，英文を完成させましょう。　【1問 10点】

（1）ケントはカナダ出身です。

Kent is from ＿＿＿＿＿＿＿＿＿＿＿＿＿．

（2）リンは日本出身です。

Rin is from ＿＿＿＿＿＿＿＿＿＿＿＿＿．

Japan / Canada

🔊 is[am, are] from ～ ＝ ～出身です

11

🔊 **1** 音声を聞いて，単語の読み方と意味を確認しましょう。そのあと，自分で声に出して言ってから，うすい字をなぞりましょう。 【全部なぞって 20 点】

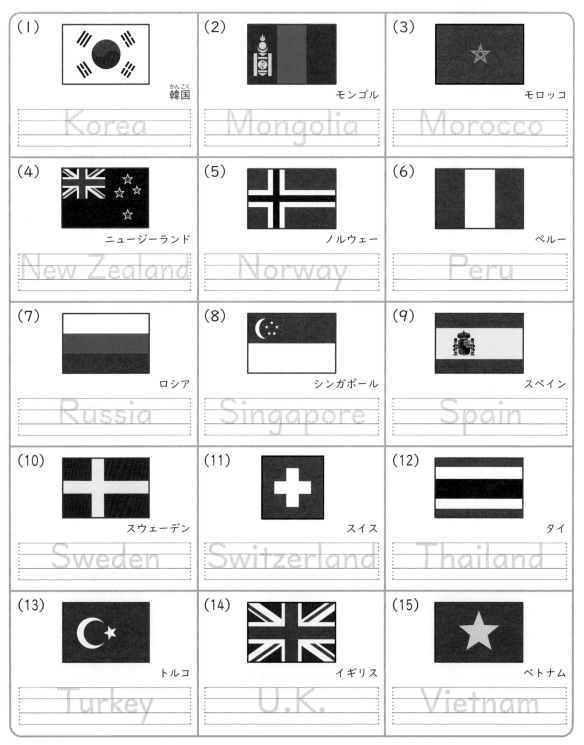

(1) 韓国
Korea

(2) モンゴル
Mongolia

(3) モロッコ
Morocco

(4) ニュージーランド
New Zealand

(5) ノルウェー
Norway

(6) ペルー
Peru

(7) ロシア
Russia

(8) シンガポール
Singapore

(9) スペイン
Spain

(10) スウェーデン
Sweden

(11) スイス
Switzerland

(12) タイ
Thailand

(13) トルコ
Turkey

(14) イギリス
U.K.

(15) ベトナム
Vietnam

🔊 **2** 音声を聞いて，聞こえた方の（　）内の単語に〇をしましょう。 【1問10点】

(1)
スウェーデン
（ Sweden ）

シンガポール
（ Singapore ）

(2)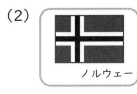
ノルウェー
（ Norway ）

モロッコ
（ Morocco ）

(3)
ロシア
（ Russia ）

スペイン
（ Spain ）

(4)
イギリス
（ U.K. ）

ペルー
（ Peru ）

(5)
スイス
（ Switzerland ）

ニュージーランド
（ New Zealand ）

(6)
トルコ
（ Turkey ）

ベトナム
（ Vietnam ）

3 次の質問に，日本語と英語で答えましょう。(2)は 10・12 ページを参考に，4線の位置や大きさに気をつけて書きましょう。 【1問10点】

(1) あなたの名前は何ですか。

私は ［　　　　　　　　　　　］ です。

I'm ＿＿＿＿＿＿＿＿＿＿＿＿ .

(2) あなたの出身はどこですか。

私は ［　　　　　　　　　　　］ 出身です。

I'm from ＿＿＿＿＿＿＿＿＿＿ .

U.K.(イギリス)を使うときは
the をつけて the U.K. とするよ。

🔊 I'm[I am] ＝私は

13

🔊 **1** 音声を聞いて，英文の読み方と意味を確認しましょう。そのあと，自分で声に出して言ってから，うすい字をなぞりましょう。 【全部なぞって 20 点】

What is your name?

（あなたの名前は何ですか。）

I'm Emily .

（私はエミリーです。）

Emily

＊I'm は I am を短くした形です。

Where are you from?

（あなたの出身はどこですか。）

I'm from Australia .

（私はオーストラリア出身です。）

＊名前や国名の最初の文字は大文字です。

Ken is from Korea .

（ケンは韓国出身です。）

2 日本文に合う英文を完成させましょう。□ は ア から，□ は イ から選びます。

【1問 10 点】

（1）私はエジプト出身です。

I _____ _____ .

（2）リンはベトナム出身です。

Linh _____ _____ .

| ア | is from |
| | am from |

| イ | Vietnam |
| | Egypt |

🔊 **3** 次の＿＿に合う単語を▭から選んで□に書きましょう。うすい字もなぞりましょう。書けたら音声を聞きましょう。 　【1問10点】

（1）私は拓也です。

I'm _____.

（2）私はインド出身です。

I'm from _____.

（3）私はモロッコ出身です。

I'm from _____.

（4）ベンはノルウェー出身です。

Ben is from _____.

Morocco / Japan / Norway
India / Takuya

4 次のせりふの＿＿の部分を考えて□に書き，英文を完成させましょう。13ページ**3**で答えた単語を見直してもよいでしょう。 　【全部で20点】

私は＿＿（名前）＿＿です。
私は＿＿（国名）＿＿出身です。

I'm _____.

I'm from _____.

15

料理 1

◀)) **1** 音声を聞いて，単語の読み方と意味を確認しましょう。そのあと，自分で声に出して言ってから，うすい字をなぞりましょう。　【全部なぞって 10 点】

(1) ハンバーガー
hamburger

(2) めん類
noodles

(3) ピザ
pizza

(4) おにぎり
rice ball

(5) サラダ
salad

(6) スパゲッティ
spaghetti

(7) ステーキ
steak

(8) サンドイッチ
sandwich

(9) アイスクリーム
ice cream

(10) 牛乳
milk

(11) オレンジジュース
orange juice

juice の前に果物の名前を置くと，果汁100%の「○○ジュース」になるよ！

◀)) **2** 音声を聞いて，聞こえた順に，1〜4の番号を□に書きましょう。【1つ 10 点】

ステーキ　スパゲッティ　おにぎり　牛乳

(1) □　(2) □　(3) □　(4) □

3 合うものを線でつなぎましょう。つないだら，単語をなぞりましょう。

【1問10点】

（1）

スパゲッティ

・　　・ hamburger

（2）

サンドイッチ

・　　・ sandwich

（3）

ハンバーガー

・　　・ spaghetti

4 次の日本文に合うように，下の ▨▨▨ から単語を選んで ＝ に書き，英文を完成させましょう。

【1問10点】

（1）私はピザが好きです。

I like 　　　　　　　　　　　　　.

（2）私はオレンジジュースが好きではありません。

I don't like 　　　　　　　　　　　.

pizza / orange juice

🔊 like ＝ ～を好む，～が好きである／ don't [do not] ＝ ～しない，～でない

🔊 **1** 音声を聞いて，単語の読み方と意味を確認しましょう。そのあと，自分で声に出して言ってから，うすい字をなぞりましょう。　【全部なぞって 10 点】

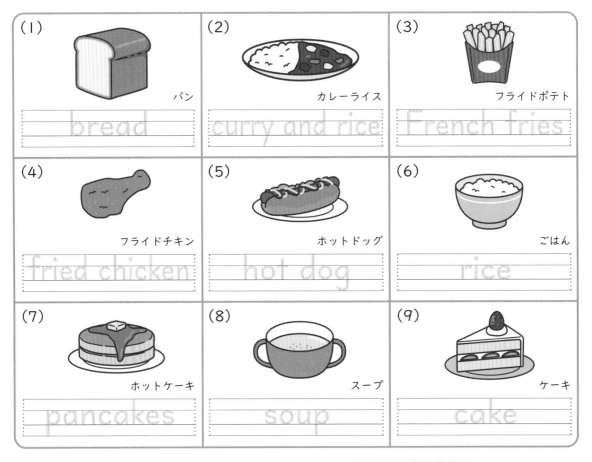

(1) パン　bread

(2) カレーライス　curry and rice

(3) フライドポテト　French fries

(4) フライドチキン　fried chicken

(5) ホットドッグ　hot dog

(6) ごはん　rice

(7) ホットケーキ　pancakes

(8) スープ　soup

(9) ケーキ　cake

French fries（フライドポテト）の最初の F は大文字だよ。
pancake（ホットケーキ）や French fry（フライドポテト）は，
2 枚や 2 本以上のことが多いので，複数（2 つ以上）であらわすよ。

🔊 **2** 音声を聞いて，聞こえた順に，1〜4の番号を□に書きましょう。【1つ 10 点】

フライドチキン　　ホットケーキ　　パン　　ごはん

(1) ☐　　(2) ☐　　(3) ☐　　(4) ☐

3 合うものを線でつなぎましょう。つないだら，単語をなぞりましょう。

【1問10点】

(1)

カレーライス

・　　　　　・　French fries

(2)

フライドポテト

・　　　　　・　soup

(3)

スープ

・　　　　　・　curry and rice

4 次の質問に，日本語と英語で答えましょう。(1)は16・18ページで学んだ単語から選んで，4線の位置や大きさに気をつけて書きましょう。　【1問10点】

(1) あなたはどんな食べ物が好きですか。

私は 　　　　　　　　　　　　　 が好きです。

I like 　　　　　　　　　　　　　　　 .

(2) あなたはごはんとパンのどちらが好きですか。

私は 　　　　　　　　　　　　　 が好きです。

I like 　　　　　　　　　　　　　　　 .

🔊 **1** 音声を聞いて，英文<ruby>えいぶん</ruby>の読み方と意味<ruby>いみ</ruby>を確認<ruby>かくにん</ruby>しましょう。そのあと，自分で声に出して言ってから，うすい字をなぞりましょう。 【全部<ruby>ぜんぶ</ruby>なぞって 20 点】

What food do you like?

（あなたはどんな食<ruby>もの</ruby>べ物が好<ruby>す</ruby>きですか。）

I like pancakes .

（私<ruby>わたし</ruby>はホットケーキが好<ruby>す</ruby>きです。）

Which do you like, spaghetti or pizza?

（あなたはスパゲッティとピザのどちらが好きですか。）

I like pizza .

（私はピザが好きです。）

I don't like noodles .

（私はめん類<ruby>るい</ruby>が好きではありません。）　　　*めん類は 1 本以上<ruby>いじょう</ruby>なので，noodles と s がつきます。

---

2 日本文に合う英文を完成<ruby>かんせい</ruby>させましょう。⬚は ア から，⬚は イ から選<ruby>えら</ruby>びます。

【1 問 10 点】

（1）私はカレーライスが好きです。

I ⬚ ⬚ .

（2）私はめん類が好きではありません。

I ⬚ ⬚ .

ア	don't like	イ	curry and rice
	like		noodles

🔊 **3** 次の＿＿に合う単語を ▓ から選んで☐に書きましょう。うすい字もなぞりましょう。書けたら音声を聞きましょう。　【1問10点】

（1）私はケーキが好きです。

I like _____ .

（2）私はフライドチキンが好きです。

I like _____ .

（3）私は牛乳が好きではありません。

I don't like _____ .

（4）あなたはアイスクリームが好きですか。

Do you like _____ ?

> ice cream / cake
> fried chicken / milk

4 次のせりふの＿＿の部分を考えて☐に書き，英文を完成させましょう。19ページ **4** で答えた単語を見直してもよいでしょう。　【全部で20点】

> 私は＿（料理名）＿が好きです。
> 私は＿（料理名）＿が好きではありません。

I like _____ .

I don't like _____ .

生き物 1

🔊 **1** 音声を聞いて，単語の読み方と意味を確認しましょう。そのあと，自分で声に出して言ってから，うすい字をなぞりましょう。

【全部なぞって 30 点】

(1) あり
ant
(2 ひき以上)ants

(2) くま
bear
(2 頭以上)bears

(3) ちょう
butterfly
(2 ひき以上)butterflies

(4) ねこ
cat
(2 ひき以上)cats

(5) 牛
cow
(2 頭以上)cows

(6) 犬
dog
(2 ひき以上)dogs

(7) いるか
dolphin
(2 頭以上)dolphins

(8) あひる
duck
(2 羽以上)ducks

(9) ぞう
elephant
(2 頭以上)elephants

(10) きつね
fox
(2 ひき以上)foxes

(11) かえる
frog
(2 ひき以上)frogs

(12) きりん
giraffe
(2 頭以上)giraffes

(13) やぎ
goat
(2 頭以上)goats

(14) ゴリラ
gorilla
(2 頭以上)gorillas

「動物」は animal
［アニマル］というよ！

🔊 **2** 音声を聞いて，聞こえた方の（　）内の単語に○をしましょう。　【1問10点】

(1)　やぎ　　牛
　　（　goat　）　（　cow　）

(2)　いるか　　ちょう
　　（　dolphin　）　（　butterfly　）

(3)　あひる　　犬
　　（　duck　）　（　dog　）

(4)　あり　　かえる
　　（　ant　）　（　frog　）

(5)　きりん　　ゴリラ
　　（　giraffe　）　（　gorilla　）

(6)　きつね　　くま
　　（　fox　）　（　bear　）

3 次の質問に，日本語と英語で答えましょう。22ページで学んだ単語から選んで，(e)sのつく2ひき[頭]以上の形にして書きましょう。4線の位置や大きさに気をつけて書きましょう。　【10点】

あなたの好きな動物は何ですか。

私は［　　　　　　　　　　　　　　　］が好きです。

I like ［ 　　　　　　　　　　　　　 ］.

特定の1ぴきではなく，犬という種類全体をさす場合は，I like dogs. のように複数（2ひき以上）をあらわす(e)sがつくよ。

生き物 2

🔊 **1** 音声を聞いて，単語の読み方と意味を確認しましょう。そのあと，自分で声に出して言ってから，うすい字をなぞりましょう。

【全部なぞって 20 点】

(1) 馬
horse
（2 頭以上）horses

(2) さる
monkey
（2 ひき以上）monkeys

(3) ねずみ
mouse
（2 ひき以上）mice

(4) パンダ
panda
（2 頭以上）pandas

(5) ぶた
pig
（2 頭以上）pigs

(6) うさぎ
rabbit
（2 ひき以上）rabbits

(7) 羊
sheep
（2 頭以上でも）sheep

(8) へび
snake
（2 ひき以上）snakes

(9) くも
spider
（2 ひき以上）spiders

(10) とら
tiger
（2 頭以上）tigers

(11) コアラ
koala
（2 ひき以上）koalas

(12) ライオン
lion
（2 頭以上）lions

(13) ペンギン
penguin
（2 羽以上）penguins

(14) しまうま
zebra
（2 頭以上）zebras

2 ひき以上のねずみは mice [マイス]というよ！

🔊 **2** 音声を聞いて，聞こえた方の(　)内の単語に○をしましょう。　【1問10点】

(1)
 ぶた
 羊

(　pig　)　　(　sheep　)

(2)
 とら　ライオン

(　tiger　)　　(　lion　)

(3)
 コアラ
 さる

(　koala　)　　(　monkey　)

(4)
 へび　ねずみ

(　snake　)　　(　mouse　)

(5)
 うさぎ　ペンギン

(　rabbit　)　　(　penguin　)

(6)
 パンダ
 しまうま

(　panda　)　　(　zebra　)

3 次の日本文に合うように，下の▢から単語を選んで＝＝に書き，英文を完成させましょう。
　　　　　　　　　　　　　　　　　　　　　　　　【1問10点】

(1) 私は馬が好きです。

　I like _____ .

(2) 私はくもが好きではありません。

　I don't like _____ .

horses / spiders

 複数（2ひき[頭]以上）の形であらわそう。

25

🔊 **1** 音声を聞いて，英文（えいぶん）の読み方と意味（いみ）を確認（かくにん）しましょう。そのあと，自分で声に出して言ってから，うすい字をなぞりましょう。 【全部（ぜんぶ）なぞって 20 点】

What animal do you like?

（あなたは何の動物（どうぶつ）が好（す）きですか。）

I like pandas.

（私（わたし）はパンダが好きです。）

....

Do you like snakes?

（あなたはへびが好きですか。）

No. I don't like snakes.

（いいえ。私はへびが好きではありません。）

＊動物の名前のあとにつける (e)s は，複数（ふくすう）（2 ひき以上（いじょう））をあらわします。

---

2 日本文に合う英文を完成（かんせい）させましょう。□ は ア から，□ は イ から選（えら）びます。
【1 問 10 点】

（1）私はライオンが好きです。

I ＿＿＿＿＿＿＿＿ ＿＿＿＿＿＿＿＿ .

（2）私はきつねが好きではありません。

I ＿＿＿＿＿＿＿＿ ＿＿＿＿＿＿＿＿ .

| ア | don't like |
| | like |

| イ | lions |
| | foxes |

🔊 **3** 次の＿＿に合う単語を ▭ から選んで □ に書きましょう。うすい字もなぞりましょう。書けたら音声を聞きましょう。 　　　　　【1問10点】

（1）私は<u>ちょう</u>が好きです。

I like

（2）亜紀と健は<u>いるか</u>が好きです。

Aki and Ken like

（3）私は<u>あり</u>が好きではありません。

I don't like

（4）あなたは<u>かえる</u>が好きですか。

Do you like

?

ants / dolphins
butterflies / frogs

4 次のせりふの＿＿の部分を考えて □ に書き，英文を完成させましょう。23ページ**3**で答えた単語を見直してもよいでしょう。 　　　　　【全部で20点】

私は　（生き物名）　が好きです。
私は　（生き物名）　が好きではありません。

＊2ひき[頭]以上の形で書きましょう。

I like

I don't like

果物・野菜 1

🔊 **1** 音声を聞いて，単語の読み方と意味を確認しましょう。そのあと，自分で声に出して言ってから，うすい字をなぞりましょう。　　【全部なぞって 30 点】

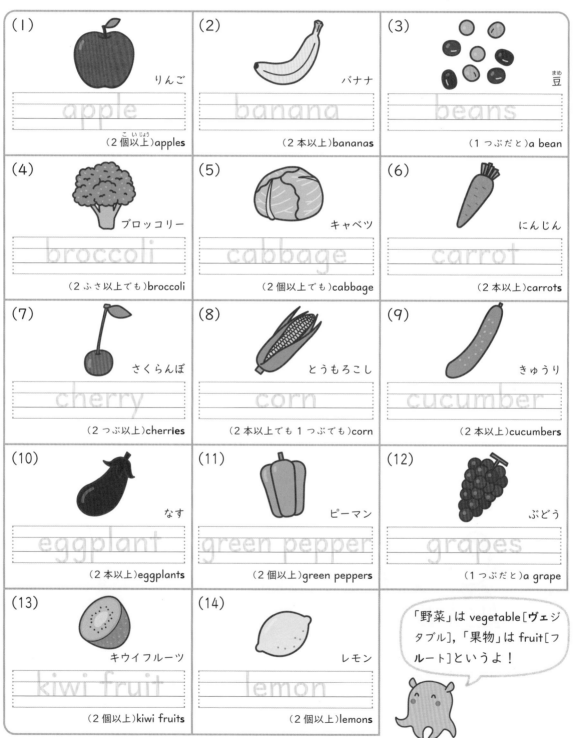

(1) りんご
apple
（2 個以上）apples

(2) バナナ
banana
（2 本以上）bananas

(3) 豆
beans
（1 つぶだと）a bean

(4) ブロッコリー
broccoli
（2 ふさ以上でも）broccoli

(5) キャベツ
cabbage
（2 個以上でも）cabbage

(6) にんじん
carrot
（2 本以上）carrots

(7) さくらんぼ
cherry
（2 つぶ以上）cherries

(8) とうもろこし
corn
（2 本以上でも 1 つぶでも）corn

(9) きゅうり
cucumber
（2 本以上）cucumbers

(10) なす
eggplant
（2 本以上）eggplants

(11) ピーマン
green pepper
（2 個以上）green peppers

(12) ぶどう
grapes
（1 つぶだと）a grape

(13) キウイフルーツ
kiwi fruit
（2 個以上）kiwi fruits

(14) レモン
lemon
（2 個以上）lemons

「野菜」は vegetable［ヴェジタブル］，「果物」は fruit［フルート］というよ！

28

2 音声を聞いて，聞こえた方の（　　）内の単語に〇をしましょう。　【1問10点】

(1)
きゅうり
（ cucumber ）

キャベツ
（ cabbage ）

(2)
とうもろこし
（ corn ）

なす
（ eggplant ）

(3)
豆
（ beans ）

ぶどう
（ grapes ）

(4)
さくらんぼ
（ cherry ）

にんじん
（ carrot ）

(5)
ブロッコリー
（ broccoli ）

ピーマン
（ green pepper ）

(6)
りんご
（ apple ）

キウイフルーツ
（ kiwi fruit ）

3 次の質問に，日本語と英語で答えましょう。28ページで学んだ単語から選んで，(e)
sのつく2つ以上の形にして書きましょう。4線の位置や大きさに気をつけて書
きましょう。　　　　　　　　　　　　　　　　　　　　　　　　【10点】

あなたのいちばん好きな野菜は何ですか。

私は [　　　　　　　　　　　　　　] がいちばん好きです。

I like [　　　　　　　　　　　　　　] the best.

the best ＝いちばん

29

果物・野菜 2

◀)) **1** 音声を聞いて，単語の読み方と意味を確認しましょう。そのあと，自分で声に出して言ってから，うすい字をなぞりましょう。【全部なぞって 20 点】

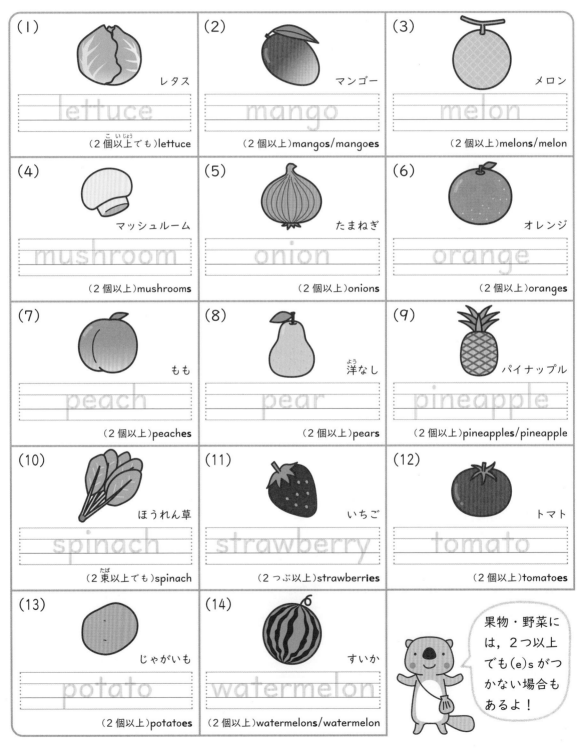

(1) レタス
lettuce
（2 個以上でも）lettuce

(2) マンゴー
mango
（2 個以上）mangos/mangoes

(3) メロン
melon
（2 個以上）melons/melon

(4) マッシュルーム
mushroom
（2 個以上）mushrooms

(5) たまねぎ
onion
（2 個以上）onions

(6) オレンジ
orange
（2 個以上）oranges

(7) もも
peach
（2 個以上）peaches

(8) 洋なし
pear
（2 個以上）pears

(9) パイナップル
pineapple
（2 個以上）pineapples/pineapple

(10) ほうれん草
spinach
（2 束以上でも）spinach

(11) いちご
strawberry
（2 つぶ以上）strawberries

(12) トマト
tomato
（2 個以上）tomatoes

(13) じゃがいも
potato
（2 個以上）potatoes

(14) すいか
watermelon
（2 個以上）watermelons/watermelon

果物・野菜には，2つ以上でも(e)sがつかない場合もあるよ！

2 音声を聞いて，聞こえた方の（　）内の単語に〇をしましょう。 【1問10点】

(1)
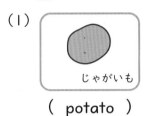
じゃがいも

たまねぎ

（ potato ）　　（ onion ）

(2)

もも

トマト

（ peach ）　　（ tomato ）

(3)

ほうれん草

レタス

（ spinach ）　　（ lettuce ）

(4)

すいか

いちご

（ watermelon ）　　（ strawberry ）

(5)

パイナップル

マッシュルーム

（ pineapple ）　　（ mushroom ）

(6)

マンゴー

洋なし

（ mango ）　　（ pear ）

3 次の日本文に合うように，下の▢▢▢から単語を選んで＝＝に書き，英文を完成させましょう。 【1問10点】

(1) あなたはほうれん草が好きですか。

Do you like ＿＿＿＿＿＿＿＿＿ ？

(2) 私はマンゴーが好きではありません。

I don't like ＿＿＿＿＿＿＿＿＿ .

spinach / mangos

31

4 Words in Sentences 果物·野菜

🔊 **1** 音声を聞いて，英文の読み方と意味を確認しましょう。そのあと，自分で声に出して言ってから，うすい字をなぞりましょう。 【全部なぞって 20 点】

What vegetable do you like the best?
（あなたのいちばん好きな野菜は何ですか。）

I like potatoes the best.
（私はじゃがいもがいちばん好きです。）

＊果物·野菜の名前のあとにつける (e)s は，複数をあらわします。

I don't like watermelon.

（私はすいかが好きではありません。）

＊すいか，メロン，パイナップルなど，丸ごとではなく切りわけて食べるものは，
I (don't) like 〜. の英文のときは s をつけません。

---

2 日本文に合う英文を完成させましょう。□□は ア から，□□は イ から選びます。
【1問 10 点】

（1）私はいちごが好きです。

I _____ _____ .

（2）私はピーマンが好きではありません。

I _____ _____ .

ア	like	イ	green peppers
	don't like		strawberries

◀)) **3** 次の＿＿に合う単語を ▨ から選んで □ に書きましょう。うすい字もなぞりましょう。書けたら音声を聞きましょう。　　　　【1問10点】

（1）私はとうもろこしが好きです。

I like 　　　　　　　　　　　　　　　　.

（2）リサと拓也はさくらんぼが好きです。

Lisa and Takuya like 　　　　　　　　.

（3）あなたはぶどうが好きですか。

Do you like 　　　　　　　　　　　　?

（4）私はたまねぎが好きではありません。

I don't like 　　　　　　　　　　　　.

onions / corn

grapes / cherries

4 次のせりふの＿＿の部分を考えて □ に書き，英文を完成させましょう。29ページ **3** で答えた単語を見直してもよいでしょう。　　　　【全部で20点】

私は　（果物・野菜名）　が好きです。
私は　（果物・野菜名）　が好きではありません。

I like 　　　　　　　　　　　　　　　.

I don't like 　　　　　　　　　　　　.

読んでわかる　見ながら書ける

1 絵を手がかりに下の□□から単語を選び，タテ・ヨコのマスをうめましょう。

【1つ5点】

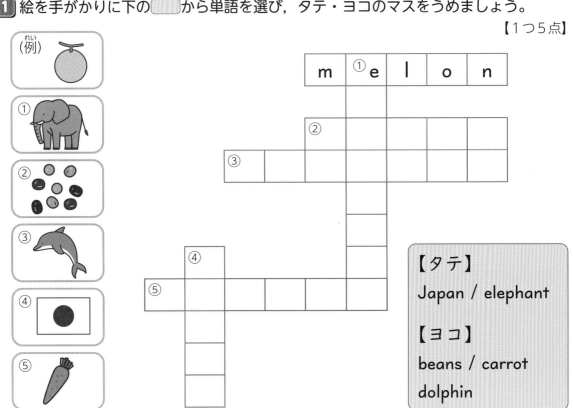

聞いてわかる　読んでわかる

2 音声を聞いて，それぞれの子が話す内容に合っている単語をそれぞれ選んで，線でつなぎましょう。

【1問10点】

読んでわかる　見ながら書ける

3 サラとガブリエルの自己しょうかい文です。日本語に合うように，単語を▢から選んで▢に書きましょう。使わない単語もあります。うすい字もなぞりましょう。

【1問 15点】

（1）私はサラです。スウェーデン出身です。ペンギンが好きです。

I'm Sara.

I'm from

I like

（2）ぼくはガブリエルです。ブラジル出身です。犬が好きです。

I'm Gabriel.

I'm from

I like

Italy / dogs / tigers / Sweden
penguins / Egypt / Brazil / pigs

自分で書ける　自分で言える

4 あなたの自己しょうかい文を完成させましょう。あなたの名前と出身，好きな食べ物を＝に書きましょう。10～33ページを参考にしましょう。書き終えたら自分で言ってみましょう。

【全部で 15点】

▢ I'm

▢ I'm from

▢ I like

言えたら▢に✓をしましょう。

◀)) **1** 音声を聞いて，単語の読み方と意味を確認しましょう。そのあと，自分で声に
出して言ってから，うすい字をなぞりましょう。 【全部なぞって 20 点】

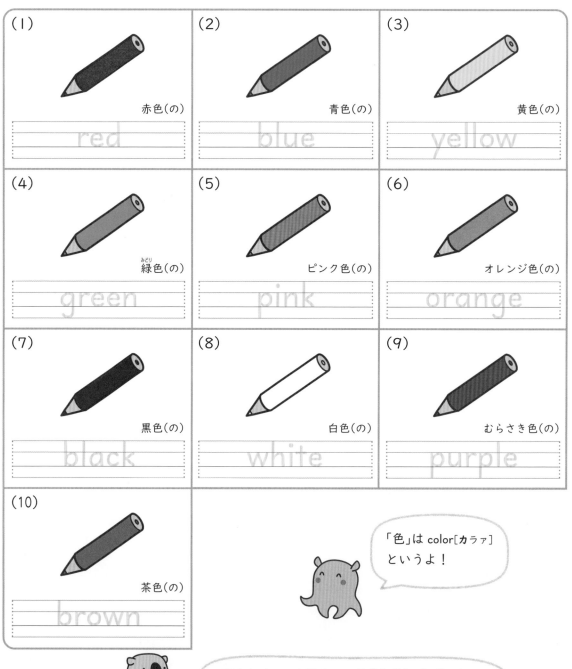

(1) 赤色(の)
red

(2) 青色(の)
blue

(3) 黄色(の)
yellow

(4) 緑色(の)
green

(5) ピンク色(の)
pink

(6) オレンジ色(の)
orange

(7) 黒色(の)
black

(8) 白色(の)
white

(9) むらさき色(の)
purple

(10) 茶色(の)
brown

「色」は color[カラァ]
というよ！

ほかにも，gold[ゴウルド]「金色(の)」や silver
[スィルヴァ]「銀色(の)」なども覚えておこう。

🔊 **2** 音声を聞いて，聞こえた方の（　　）内の単語に〇をしましょう。　【1問10点】

（1）

緑色（の）
（ green ）
青色（の）
（ blue ）

（2）
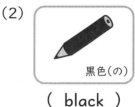
黒色（の）
（ black ）
茶色（の）
（ brown ）

（3）

オレンジ色（の）
（ orange ）
むらさき色（の）
（ purple ）

（4）
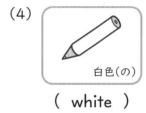
白色（の）
（ white ）
ピンク色（の）
（ pink ）

（5）
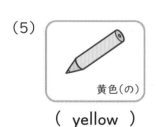
黄色（の）
（ yellow ）
赤色（の）
（ red ）

（6）
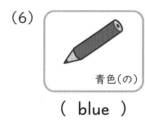
青色（の）
（ blue ）
黒色（の）
（ black ）

3 次の質問に，日本語と英語で答えましょう。＝＝に英語を書くときは，36ページを見ながら，4線の位置や大きさに気をつけて書きましょう。　【1問10点】

（1）あなたは何色が好きですか。

私は 　　　　　　　　　色が好きです。

I like 　　　　　　　　　　　　.

（2）あなたは何色のペンを持っていますか。

私は 　　　　　　　　　色のペンを持っています。

I have a[an] 　　　　　　　　　　pen.

🔊 have ＝ ～を持っている ／ a[an] ＝ 1つの／ pen ＝ ペン

5 Words ② 身の回りのもの

🔊 **1** 音声を聞いて，単語の読み方と意味を確認しましょう。そのあと，自分で声に出して言ってから，うすい字をなぞりましょう。　【全部なぞって20点】

(1) ボール
ball

(2) 箱
box

(3) （ふちのない・前だけにある）ぼうし
cap

(4) バッグ
bag

(5) ティーシャツ
T-shirt

(6) コンピュータ
computer

(7) ペン
pen

(8) えんぴつ
pencil

(9) ノート
notebook

(10) じょうぎ
ruler

(11) いす
chair

(12) つくえ
desk

(13) ベッド
bed

(14) （ふちのある）ぼうし
hat

リビングなどにある大きなつくえ（テーブル）は table［ティブル］というよ！

🔊 **2** 音声を聞いて，聞こえた方の（　　）内の単語に○をしましょう。　【1問10点】

（1）
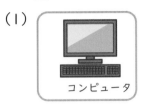

（　computer　）　（　box　）

（2）

（　ruler　）　（　pen　）

（3）
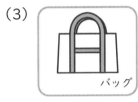

（　bag　）　（　ball　）

（4）
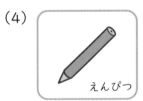

（　pencil　）　（　desk　）

（5）

（　hat　）　（　bed　）

（6）

（　cap　）　（　chair　）

3 次の日本文に合うように，下の▨▨から単語を選んで══に書き，英文を完成させましょう。
【1問10点】

（1）私はコンピュータを持っています。

I have a _____ .

（2）私は新しいノートがほしいです。

I want a new _____ .

notebook / computer

🔊 want ＝ ～がほしい ／ new ＝ 新しい

5 Words in Sentences 色／身の回りのもの

🔊 **1** 音声を聞いて，英文の読み方と意味を確認しましょう。そのあと，自分で声に
出して言ってから，うすい字をなぞりましょう。 【全部なぞって 20 点】

What color do you like?

（あなたは何色が好きですか。）

I like green.

（私は緑色が好きです。）

. . . .

Do you have a red pen?

（あなたは赤色のペンを持っていますか。）

No. I have a pink pen.

（いいえ。私はピンク色のペンを持っています。）

* a(an)は「1 本の」の意味ですが，
ふつうは日本語にはしません。

. . . .

I want a new T-shirt.

（私は新しいティーシャツがほしいです。）

---

2 日本文に合う英文を完成させましょう。□□は ア から, □□は イ から選びます。

【1 問 10 点】

（1）私はじょうぎを持っています。

I ⎯⎯⎯⎯⎯⎯⎯⎯⎯⎯ a ⎯⎯⎯⎯⎯⎯⎯⎯⎯⎯ .

（2）私はバッグがほしいです。

I ⎯⎯⎯⎯⎯⎯⎯⎯⎯⎯ a ⎯⎯⎯⎯⎯⎯⎯⎯⎯⎯ .

| ア | have |
| | want |

| イ | bag |
| | ruler |

◀)) **3** 次の＿＿に合う単語を ◯ から選んで □ に書きましょう。うすい字もなぞ
りましょう。書けたら音声を聞きましょう。　　　　　　　【1問10点】

（1）私は黄色が好きです。

I like

（2）あなたは青色が好きですか。

Do you like ?

（3）私は白色のボールを持っています。

I have a white .

（4）私はいすがほしいです。

I want a .

blue / yellow

ball / chair

4 次のせりふの＿＿の部分を考えて □ に書き，英文を完成させましょう。37ペー
ジ **3** で答えた単語を見直してもよいでしょう。　　　　　　　【全部で20点】

私は＿＿（色）＿＿が好きです。
私は＿＿（身の回りのもの）＿＿がほしいです。

I like .

I want a .

🔊 **1** 音声を聞いて，単語の読み方と意味を確認しましょう。そのあと，自分で声に出して言ってから，うすい字をなぞりましょう。 【全部なぞって20点】

(1) 1月 January

(2) 2月 February

(3) 3月 March

(4) 4月 April

(5) 5月 May

(6) 6月 June

(7) 7月 July

(8) 8月 August

(9) 9月 September

(10) 10月 October

(11) 11月 November

(12) 12月 December

ほかにも，month[マンス]「月」や
day[デイ]「日」なども覚えておこう。

🔊 **2** 音声を聞いて，聞こえた方の（　　）内の単語に〇をしましょう。　【1問10点】

(1)

8月

2月

（ August ）　（ February ）

(2)

7月

6月

（ July ）　（ June ）

(3)

11月

9月

（ November ）　（ September ）

(4)

1月

10月

（ January ）　（ October ）

(5)

3月

5月

（ March ）　（ May ）

(6)

12月

4月

（ December ）　（ April ）

3 次の日本文に合うように，下の ▨▨ から単語を選んで ＝ に書き，英文を完成させましょう。
【1問10点】

(1) 私は4月が好きです。

I like _____ .

(2) 運動会は10月にあります。

We have our sports day in _____ .

April / October

🔊 our ＝ 私たちの ／ sports day ＝ 運動会 ／ in ＝ ～(月)に

43

じょ すう
序数

🔊 **1** 音声を聞いて，単語の読み方と意味を確認しましょう。そのあと，自分で声に出して言ってから，うすい字をなぞりましょう。　【全部なぞって20点】

(1) 1番目の	(2) 2番目の	(3) 3番目の	(4) 4番目の
1st	2nd	3rd	4th

(5) 5番目の	(6) 6番目の	(7) 7番目の	(8) 8番目の
5th	6th	7th	8th

(9) 9番目の	(10) 10番目の	(11) 11番目の	(12) 12番目の
9th	10th	11th	12th

(13) 13番目の	(14) 14番目の	(15) 15番目の	(16) 16番目の
13th	14th	15th	16th

(17) 17番目の	(18) 18番目の	(19) 19番目の	(20) 20番目の
17th	18th	19th	20th

(21) 21番目の	(22) 22番目の	(23) 23番目の	(24) 24番目の
21st	22nd	23rd	24th

(25) 25番目の	(26) 26番目の	(27) 27番目の	(28) 28番目の
25th	26th	27th	28th

(29) 29番目の	(30) 30番目の	(31) 31番目の	
29th	30th	31st	

序数は読み方に注意！

🔊) 2 音声を聞いて，聞こえた方の（　）内の単語に〇をしましょう。【1問10点】

(1)
2　2番目の　（ 2nd ）
4　4番目の　（ 4th ）

(2)
8　8番目の　（ 8th ）
10　10番目の　（ 10th ）

(3)
13　13番目の　（ 13th ）
30　30番目の　（ 30th ）

(4)
17　17番目の　（ 17th ）
27　27番目の　（ 27th ）

(5)
16　16番目の　（ 16th ）
29　29番目の　（ 29th ）

(6)
21　21番目の　（ 21st ）
12　12番目の　（ 12th ）

3 次の質問に，日本語と英語で答えましょう。42・44ページを見ながら，4線の位置や大きさに気をつけて書きましょう。【1問10点】

(1) あなたの誕生日はいつですか。

私の誕生日は [　　　] 月 [　　　] 日です。

My birthday is _____ _____ .

(2) 今日の日付は何ですか。

今日は [　　　] 月 [　　　] 日です。

It is _____ _____ today.

🔊) My birthday is ～. = 私の誕生日は～です。 ／ It is ～ today. = 今日は～です。

45

単語の書き練習は
別冊22・23ページ

答えは
別冊4ページ

月　日　／100

月／序数

🔊 **1** 音声を聞いて，英文の読み方と意味を確認しましょう。そのあと，自分で声に出して言ってから，うすい字をなぞりましょう。 【全部なぞって 20 点】

When is your sports day?
（運動会はいつですか。）

We have our sports day in May.

（運動会は 5 月にあります。）

5月

＊「〜月に」は in 〜（月名）であらわします。

....

When is your birthday?
（あなたの誕生日はいつですか。）

My birthday is September 17th.

（私の誕生日は 9 月 17 日です。）

＊日付を言うときは序数を使います。

---

2 日本文に合う英文を完成させましょう。 ☐ は ア から，☐ は イ から選びます。

【1つ 10 点】

（1）私の誕生日は 10 月 22 日です。

My birthday is ⬚ ⬚ .

（2）今日は 2 月 12 日です。

It is ⬚ ⬚ today.

| ア | February |
| | October |

| イ | 22nd |
| | 12th |

🔊 **3** 次の＿＿＿に合う単語を ⬜ から選んで □ に書きましょう。うすい字もなぞりましょう。書けたら音声を聞きましょう。　　　　【1問10点】

（1）私は <u>1月</u>が好きです。

I like ＿＿＿＿＿＿＿＿＿＿＿＿＿＿＿＿＿ .

（2）私の誕生日は <u>3月2日</u>です。

My birthday is ＿＿＿＿＿＿＿＿＿＿＿＿＿＿＿＿＿ .

（3）運動会は <u>7月</u>にあります。

We have our sports day in ＿＿＿＿＿＿＿＿＿＿ .

（4）今日は <u>4月11日</u>です。

It is ＿＿＿＿＿＿＿＿＿＿＿＿＿＿＿＿＿ today.

> July / March / January
> April / 11th / 2nd

4 次のせりふの＿＿＿の部分を考えて □ に書き，英文を完成させましょう。45ページ **3** で答えた単語を見直してもよいでしょう。　　　　【全部で20点】

> 私の誕生日は＿＿＿＿月＿＿＿＿日です。
> 運動会は＿＿＿＿月にあります。

My birthday is ＿＿＿＿＿＿＿＿＿＿＿＿＿＿＿＿＿ .

We have our sports day in ＿＿＿＿＿＿＿＿＿＿ .

7 Words ① 曜日

🔊 **1** 音声を聞いて，単語の読み方と意味を確認しましょう。そのあと，自分で声に出して言ってから，うすい字をなぞりましょう。

【全部なぞって 30 点】

(1) 日曜日 Sunday

(2) 月曜日 Monday

(3) 火曜日 Tuesday

(4) 水曜日 Wednesday

(5) 木曜日 Thursday

(6) 金曜日 Friday

(7) 土曜日 Saturday

複数をあらわす s をつけて，Sundays（毎週日曜日），Mondays（毎週月曜日）…とあらわすことも多いよ。

曜日の最初の文字は必ず大文字！

🔊 **2** 音声を聞いて，聞こえた順に，1〜4の番号を□に書きましょう。【1つ 5 点】

木曜日　　金曜日　　土曜日　　日曜日

(1) □　　(2) □　　(3) □　　(4) □

48

3 合うものを線でつなぎましょう。つないだら，単語をなぞりましょう。

【1問10点】

（1）

月曜日

●　　　●　Tuesday

（2）

火曜日

●　　　●　Monday

（3）

水曜日

●　　　●　Wednesday

4 次の質問に，日本語と英語で答えましょう。48ページを見ながら，4線の位置や大きさに気をつけて書きましょう。

【1問10点】

（1）今日は何曜日ですか。

今日は [　　　　　　　　] です。

It's [　　　　　　　　] today.

（2）あなたは何曜日が好きですか。

私は [　　　　　　　　] が好きです。

I like [　　　　　　　　] .

（2）は s をつけた複数の形で書こう！

49

Words ②　教 科

🔊 **1** 音声を聞いて，単語の読み方と意味を確認しましょう。そのあと，自分で声に出して言ってから，うすい字をなぞりましょう。　【全部なぞって 20 点】

(1)
国語（日本語）
Japanese

(2)
英語
English

(3)
算数
math

(4)
理科
science

(5)
社会
social studies

(6)
書写
calligraphy

(7)
体育
P.E.

(8)
図工
arts and crafts

(9)
家庭科
home economics

(10)
音楽
music

(11)
道徳
moral education

English と Japanese の最初の文字は大文字だね！

🔊 **2** 音声を聞いて，聞こえた方の（　　）内の単語に○をしましょう。　【1問10点】

(1)

（　math　）　　　（　music　）

(2)

（　Japanese　）　　（　English　）

(3)

（　arts and crafts　）　　（　P.E.　）

(4)

（　social studies　）　　（　music　）

(5)

（　moral education　）　　（　home economics　）

(6)

（　calligraphy　）　　（　science　）

3 次の質問に，日本語と英語で答えましょう。50ページを見ながら，4線の位置や（つぎ）（しつもん）（えいご）（いち）大きさに気をつけて書きましょう。　【1問10点】

(1) あなたは何の教科がとくいですか。

私は［　　　　　　　　　］がとくいです。（わたし）

I'm good at _____ .

(2) 月曜日に，何の授業がありますか。（じゅぎょう）

月曜日には［　　　　　　　　　］があります。

I have _____ on Mondays.

🔊 am[are, is] good at ～ ＝～がとくいである ／ have ＝～がある（～を持っている）（も）

7 Words in Sentences 曜日／教科

🔊 **1** 音声を聞いて，英文の読み方と意味を確認しましょう。そのあと，自分で声に出して言ってから，うすい字をなぞりましょう。 【全部なぞって 30 点】

What do you have on Mondays?

（あなたは月曜日に何がありますか。）

I have math and Japanese

on Mondays.

（月曜日には，算数と国語があります。）

＊「毎週〇曜日」と言うときは， s がつきます。

I'm good at P.E.

（私は体育がとくいです。）

＊ E のあとにピリオド(.)があるので，文の最後のピリオドは必要ありません。

2 日本文に合う英文を完成させましょう。☐ は ア から，☐ は イ から選びます。 【1問 10 点】

（1）（私は）水曜日に，図工があります。

I have _____ on _____ .

（2）（私たちは）木曜日に，道徳があります。

We have _____ on _____ .

ア	moral education
	arts and crafts

イ	Thursdays
	Wednesdays

52

◀)) **3** 次の＿＿に合う単語を ⬭ から選んで □ に書きましょう。うすい字もなぞりましょう。書けたら音声を聞きましょう。　　　　　【1問10点】

（1）私は国語と書写が好きです。

I like ＿＿＿＿＿＿ and ＿＿＿＿＿＿ .

（2）私たちは金曜日に家庭科があります。

We have ＿＿＿＿＿＿＿＿＿

on ＿＿＿＿ .

（3）私は月曜日と火曜日に英語があります。

I have ＿＿＿＿＿ on ＿＿＿＿＿

and ＿＿＿＿＿ .

> English / Japanese / calligraphy / home economics
> Tuesdays / Fridays / Mondays

4 次のせりふの＿＿の部分を考えて □ に書き，英文を完成させましょう。51 ページ **3** で答えた単語を見直してもよいでしょう。　　　　　【全部で20点】

> 私は ＿（教科名）＿ がとくいです。
> ＿（曜日名）＿ に ＿（教科名）＿ があります。

I'm good at ＿＿＿＿＿＿＿＿ .

I have ＿＿＿＿ on ＿＿＿＿ .

聞いてわかる 読んでわかる

1 音声を聞いて，読まれた単語をさがして ◯ でかこみましょう。 【1問10点】

（例）

k	J	u	n	e	r	e	d
a	g	b	a	l	l	u	r
S	u	n	d	a	y	o	i
m	d	f	m	a	t	h	g
z	p	b	o	o	k	q	c
n	p	e	n	c	i	l	x

（1）

（2）

（3）

（4）

聞いてわかる 読んでわかる

2 音声を聞いて，それぞれの子が話す内容に合っている単語をそれぞれ選んで，線でつなぎましょう。 【1問10点】

（1）

サマンサ

- ● ● arts and crafts ● ● blue bag

（2）

デイジー

- ● ● May 21st ● ● Tuesdays

（3）

マーク

- ● ● English ● ● Thursdays

読んでわかる　見ながら書ける

3 沙知と智樹の自己しょうかい文です。日本語に合うように，単語を◯◯から選んで◯に書きましょう。2回使う単語もあります。うすい字もなぞりましょう。

【1問10点】

（1）私は沙知です。4月3日生まれです。誕生日にはつくえがほしいです。

I'm Sachi.

My birthday is ⬚⬚⬚⬚⬚⬚ | ⬚⬚⬚⬚⬚ .

I want a ⬚⬚⬚⬚⬚⬚ for my birthday.

（2）ぼくは智樹です。体育が好きです。体育は金曜日にあります。

I'm Tomoki.

I like ⬚⬚⬚⬚⬚

We have ⬚⬚⬚⬚⬚ on ⬚⬚⬚⬚⬚ .

desk / P.E. / 3rd / Fridays / April

自分で書ける　自分で言える

4 あなたの誕生日と，誕生日にほしいものを◯◯に書きましょう。36～47ページを参考にしましょう。書き終えたら自分で言ってみましょう。　【全部で10点】

☐　My birthday is ⬚⬚⬚⬚⬚⬚⬚⬚ .

☐　I want a ⬚⬚⬚⬚⬚⬚⬚⬚ for my birthday.

言えたら☐に✓をしましょう。

55

8 Words ① スポーツ 1

🔊 **1** 音声を聞いて，単語の読み方と意味を確認しましょう。そのあと，自分で声に出して言ってから，うすい字をなぞりましょう。 【全部なぞって 20 点】

(1) バドミントン
badminton

(2) 野球（やきゅう）
baseball

(3) バスケットボール
basketball

(4) ドッジボール
dodgeball

(5) サッカー
soccer

(6) 卓球（たっきゅう）
table tennis

(7) テニス
tennis

(8) バレーボール
volleyball

(9) ラグビー
rugby

(10) ソフトボール
softball

「スポーツ」は sport[スポート] というよ。スポーツ名の前には，a[an] や the は置（お）かないよ。

🔊 **2** 音声を聞いて，聞こえた方の（　　）内の単語に○をしましょう。　【1問10点】

（1）

ラグビー

バドミントン

（　rugby　）　　（　badminton　）

（2）

ドッジボール

バスケットボール

（　dodgeball　）　（　basketball　）

（3）

サッカー

テニス

（　soccer　）　　（　tennis　）

（4）

バスケットボール

ソフトボール

（　basketball　）　（　softball　）

（5）

バレーボール

野球

（　volleyball　）　（　baseball　）

（6）

卓球

バドミントン

（　table tennis　）　（　badminton　）

3 次の質問に，日本語と英語で答えましょう。56ページで学んだ単語から選んで，4線の位置や大きさに気をつけて書きましょう。　【1問10点】

（1）あなたは何のスポーツがとくいですか。

私は [　　　　　　　　　　　　　] がとくいです。

I'm good at [　　　　　　　　　　　　　] .

（2）あなたは何のスポーツをしますか。

私は [　　　　　　　　　　　　　] をします。

I play [　　　　　　　　　　　　　] .

🔊 play ＝～をする，～を演奏する

スポーツ 2／楽器

🔊 **1** 音声を聞いて，単語の読み方と意味を確認しましょう。そのあと，自分で声に出して言ってから，うすい字をなぞりましょう。　【全部なぞって 30 点】

(1) スケート
skating

(2) スキー
skiing

(3) 水泳
swimming

(4) サーフィン
surfing

(5) 陸上競技
track and field

(6) レスリング
wrestling

(7) ギター
guitar

(8) ピアノ
piano

(9) リコーダー
recorder

(10) バイオリン
violin

「楽器をひく，演奏する」というときは，楽器名の前に the を置くよ！
「柔道［剣道，空手］をする」は do judo[kendo, karate] であらわすよ。play は使わないんだね。

ほかにも，trumpet[トゥランペット]「トランペット」などがあるよ。

◀)) **2** 音声を聞いて，聞こえた方の（　　　）内の単語に〇をしましょう。　【1問10点】

（1）

スケート　　　　　スキー

（　skating　）　（　skiing　）

（2）

ギター　　　　　ピアノ

（　guitar　）　（　piano　）

（3）

バイオリン　　　リコーダー

（　violin　）　（　recorder　）

（4）

レスリング　　　サーフィン

（　wrestling　）　（　surfing　）

3 次の質問に，日本語と英語で答えましょう。56・58ページで学んだ単語から選んで，4線の位置や大きさに気をつけて書きましょう。　【1問10点】

（1）あなたは何のスポーツが好きですか。

私は　　　　　　　　　　　　　　　が好きです。

I like _____ .

（2）あなたは何の楽器を演奏しますか。

私は　　　　　　　　　　　　　　　を演奏します。

I play the _____ .

（3）あなたは何の楽器を持っていますか。

私は　　　　　　　　　　　　　　　を持っています。

I have a _____ .

59

スポーツ／楽器

🔊 **1** 音声を聞いて，英文の読み方と意味を確認しましょう。そのあと，自分で声に出して言ってから，うすい字をなぞりましょう。　【全部なぞって 20 点】

What sport do you like?
（あなたは何のスポーツが好きですか。）

I like tennis.
（私はテニスが好きです。）

＊スポーツ名の前には a や an や the をつけません。

What musical instrument do you play?
（あなたは何の楽器を演奏しますか。）

I play the piano.
（私はピアノをひきます。）

＊「楽器をひく，演奏する」というときは，楽器名の前に the を置きます。

2 日本文に合う英文を完成させましょう。☐ は ア から，☐ は イ から選びます。
【1 問 10 点】

（1）私は 1 本のリコーダーを持っています。

I have ☐ ☐ .

（2）私はバイオリンを演奏します。

I play ☐ ☐ .

ア	a
	the

イ	recorder
	violin

🔊 **3** 次の＿＿に合う単語を▭から選んで□に書きましょう。うすい字もなぞりましょう。書けたら音声を聞きましょう。　　　　【1問10点】

（1）私はバレーボールをします。

I play

（2）私はギターをひきます。

I play

（3）私は卓球がとくいです。

I am good at

（4）私はスケートが好きではありません。

I don't like

skating / guitar

table tennis / the / volleyball

4 次のせりふの＿＿の部分を考えて□に書き，英文を完成させましょう。59ページ**3**で答えた単語を見直してもよいでしょう。　　　　【全部で20点】

私は＿＿（スポーツ名）＿＿が好きです。

私は＿＿（楽器名）＿＿を演奏します。

I like

I play

61

9 Words ① 「だれが，だれは」など

🔊 **1** 音声を聞いて，単語の読み方と意味を確認しましょう。そのあと，自分で声に出して言ってから，うすい字をなぞりましょう。　【全部なぞって 30 点】

(1) 私（わたし）が [は]
I

(2) あなた（たち）が [は]
you

(3) 彼（かれ）が [は]
he

(4) 彼女（かのじょ）が [は]
she

(5) 私たちが [は]
we

(6) 彼らが[は]，彼女らが[は]，それらが[は]
they

(7) それが [は]
it

これらの語が文頭にくるときは，最初（さいしょ）の文字は大文字にするよ。

it「それが [は]」は，一度（いちど）話題（わだい）になったものや動物（どうぶつ）などをさす語だよ。人（ひと）に対（たい）しては使（つか）わないことに注意（ちゅうい）しよう。

🔊 **2** 音声を聞いて，聞こえた順（じゅん）に，1〜4の番号（ばんごう）を□に書きましょう。【1問5点】

それが[は]　　彼女が[は]　　私が[は]　　あなた（たち）が[は]

(1) □　　(2) □　　(3) □　　(4) □

3 合うものを線でつなぎましょう。つないだら，単語をなぞりましょう。

【1問10点】

（1）

私たちが[は]

・　　　・ he

（2）

あなた（たち）が[は]

・　　　・ you

（3）

彼が[は]

・　　　・ we

4 次の日本文に合うように，下の ▢ から単語を選んで ＝ に書き，英文を完成させましょう。

【1問10点】

（1）彼女は結衣です。

＿＿＿＿＿＿ is Yui.

（2）それは図書館です。

＿＿＿＿＿＿ is a library.

It / She

🔊 library ＝図書館

63

9 Words ② 家族・身の回りの人

🔊 **1** 音声を聞いて，単語の読み方と意味を確認しましょう。そのあと，自分で声に出して言ってから，うすい字をなぞりましょう。【全部なぞって 30 点】

(1) お父さん
father

(2) お母さん
mother

(3) 兄弟
brother

(4) 姉妹
sister

(5) おじいさん
grandfather

(6) おばあさん
grandmother

(7) 友だち
friend

(8) 少年
boy

(9) 少女
girl

🔊 **2** 音声を聞いて，聞こえた順に，1〜4の番号を□に書きましょう。【1問 5 点】

友だち　　姉妹　　お父さん　　お母さん

(1) ☐　　(2) ☐　　(3) ☐　　(4) ☐

3 合うものを線でつなぎましょう。つないだら，単語をなぞりましょう。

【1問10点】

(1)

おばあさん

・　　　・　boy

(2)

兄弟

・　　　・　brother

(3)

少年

・　　　・　grandmother

4 次の日本文に合うように，下の ◯◯ から単語を選んで ═ に書き，英文を完成させましょう。

【1問10点】

(1) 彼は私のおじいさんです。

He is my _____.

(2) あの少女はだれですか。

Who is that _____?

girl / grandfather

🔊 who ＝だれ

65

9 Words ③ 性格

◀» **1** 音声を聞いて，単語の読み方と意味を確認しましょう。そのあと，自分で声に出して言ってから，うすい字をなぞりましょう。【全部なぞって 30 点】

(1) 活発な
active

(2) 勇かんな
brave

(3) 人なつっこい
friendly

(4) おかしな，おもしろい
funny

(5) 優しい
gentle

(6) 親切な
kind

(7) 強い
strong

(8) かっこいい，落ち着いた
cool

◀» **2** 音声を聞いて，聞こえた順に，1〜4の番号を□に書きましょう。【1問 5 点】

人なつっこい　　　　強い　　　　おかしな，おもしろい　　　　勇かんな

(1) □　　　　(2) □　　　　(3) □　　　　(4) □

66

3 合うものを線でつなぎましょう。つないだら，単語をなぞりましょう。

【1問10点】

（1）

親切な

●　　　　　●　active

（2）

かっこいい，落ち着いた

●　　　　　●　kind

（3）

活発な

●　　　　　●　cool

4 次の質問に，日本語と英語で答えましょう。66ページで学んだ単語から選んで，4線の位置や大きさに気をつけて書きましょう。

【1問10点】

（1）あなたはどんな人ですか。

私は ＿＿＿＿＿＿＿＿＿＿＿ です。

I am ＿＿＿＿＿＿＿＿＿ .

（2）あなたの先生はどんな人ですか。

私の先生は ＿＿＿＿＿＿＿＿＿＿＿ です。

My teacher is ＿＿＿＿＿＿＿＿＿ .

🔊 teacher ＝先生，教師

67

「だれが，だれは」など／家族・身の回りの人／性格

🔊 **1** 音声を聞いて，英文の読み方と意味を確認しましょう。そのあと，自分で声に出して言ってから，うすい字をなぞりましょう。　【全部なぞって 20 点】

What kind of person is your father?
（あなたのお父さんはどんな人ですか。）

He is gentle.

（彼は優しいです。）

My mother is active.

（私の母は活発です。）

2 日本文に合う英文を完成させましょう。☐は ア から，☐は イ から選びます。
【1問 10 点】

（1）彼は人なつっこいです。

☐☐☐ is ☐☐☐.

（2）彼女は勇かんです。

☐☐☐ is ☐☐☐.

ア	She	イ	brave
	He		friendly

68

🔊 **3** 次の＿＿に合う単語を ▨ から選んで □ に書きましょう。2回使う単語も
あります。文の最初は大文字で書きましょう。うすい字もなぞりましょう。書
けたら音声を聞きましょう。　　　　　　　　　　　　　　　　　【1問10点】

（1）<u>彼</u>は<u>強い</u>です。

	is	

（2）<u>彼女</u>は<u>おもしろい</u>です。

	is	

（3）<u>彼</u>は<u>活発</u>です。

	is	

（4）<u>彼女</u>は<u>優しい</u>です。

	is	

> She / gentle / He
> active / funny / strong

4 次のせりふの＿＿の部分を考えて □ に書き，英文を完成させましょう。67ペー
ジ**4**で答えた単語を見直してもよいでしょう。　　　　　　　　　　【20点】

私の ＿＿（家族・身の回りの人）＿＿ は
＿＿（性格）＿＿ です。

My		is	

天気・季節

◀) **1** 音声を聞いて，単語の読み方と意味を確認しましょう。そのあと，自分で声に出して言ってから，うすい字をなぞりましょう。　【全部なぞって 30 点】

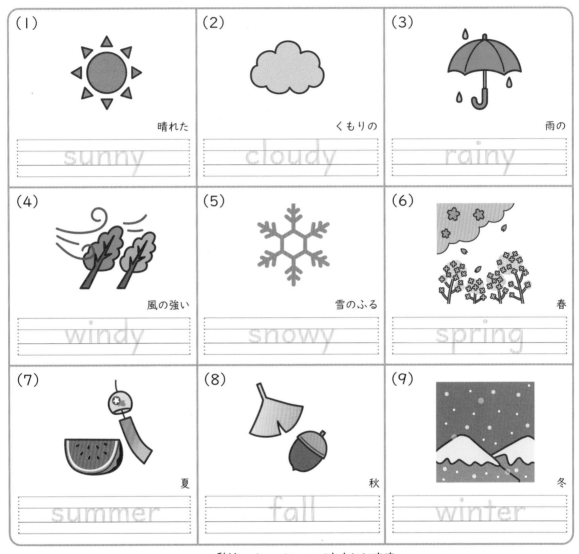

(1) 晴れた	(2) くもりの	(3) 雨の
sunny	cloudy	rainy
(4) 風の強い	(5) 雪のふる	(6) 春
windy	snowy	spring
(7) 夏	(8) 秋	(9) 冬
summer	fall	winter

＊秋は autumn[オータム]ともいいます。

◀) **2** 音声を聞いて，聞こえた順に，1～4の番号を□に書きましょう。【1問 5 点】

夏　　雨の　　風の強い　　秋

(1) □　　(2) □　　(3) □　　(4) □

3 合うものを線でつなぎましょう。つないだら，単語をなぞりましょう。

【1問10点】

（1）

晴れた

●　　　●

sunny

（2）

雪のふる

●　　　●

cloudy

（3）

くもりの

●　　　●

snowy

4 次の質問に，日本語と英語で答えましょう。70ページを見ながら，4線の位置や大きさに気をつけて書きましょう。

【1問10点】

（1）今日の天気は何ですか。

□□□□□□□□ です。

It is □□□□□□□□ .

（2）今の日本の季節は何ですか。

□□□□□□□□ です。

It is □□□□□□□□ .

🔊 It is 〜. ＝（天気・季節は）〜です。

71

状態・様子・気持ち

🔊 **1** 音声を聞いて，単語の読み方と意味を確認しましょう。そのあと，自分で声に
出して言ってから，うすい字をなぞりましょう。　【全部なぞって 30 点】

(1) 大きい
big

(2) 小さい
small

(3) 長い
long

(4) 短い
short

(5) 暑い，熱い
hot

(6) 寒い，冷たい
cold

(7) 元気な
fine

(8) うれしい
happy

(9) ねむい
sleepy

(10) おなかのすいた
hungry

(11) つかれている
tired

(12) 悲しい
sad

◀)) **2** 音声を聞いて，聞こえた方の（　　　）内の単語に〇をしましょう。【1問10点】

（1）
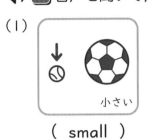
（ small ）
（ long ）

（2）
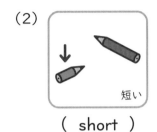
（ short ）
（ hot ）

（3）

（ fine ）
（ big ）

（4）

（ cold ）
（ sleepy ）

3 次の質問に，日本語と英語で答えましょう。72ページを見ながら，4線の位置や大きさに気をつけて書きましょう。【1問10点】

（1）あなたのバッグは大きいですか，それとも小さいですか。

私のバッグは　　　　　　　　　　　です。

My bag is ＿＿＿＿＿＿＿＿＿＿ .

（2）あなたの髪の毛は長いですか，それとも短いですか。

私の髪の毛は　　　　　　　　　　　です。

My hair is ＿＿＿＿＿＿＿＿＿＿ .

（3）今のあなたの気持ちはどうですか。

私は　　　　　　　　　　　　　　　です。

I'm ＿＿＿＿＿＿＿＿＿＿ .

◀)) hair ＝髪の毛

天気・季節／状態・様子・気持ち

🔊 **1** 音声を聞いて，英文の読み方と意味を確認しましょう。そのあと，自分で声に出して言ってから，うすい字をなぞりましょう。　【全部なぞって 20 点】

How is the weather in Tokyo today?
（今日の東京の天気はどうですか。）

It is sunny.

（晴れです。）

＊天気は〈It is[It's] ＋天気 .〉であらわします。

- -

Which season do you like?
（あなたはどの季節が好きですか。）

I like spring.

（私は春が好きです。）

- -

I'm happy.　（私はうれしいです。）

---

2 日本文に合う英文を完成させましょう。 ⬚ は ア から， ⬚ は イ から選びます。
【1問 10 点】

（1）夏は暑いです。

It's ⬚⬚⬚⬚⬚ in ⬚⬚⬚⬚⬚ .

（2）冬は寒いです。

It's ⬚⬚⬚⬚⬚ in ⬚⬚⬚⬚⬚ .

ア	cold	イ	summer
	hot		winter

74

くもんの小学生向け学習書

くもんの学習書には、「ドリル」「問題集」「テスト」「ワーク」があり、課題や目標にあわせてぴったりの1冊と出合うことができます。

くもんのドリル

- ●独自のスモールステップで配列された問題と繰り返し練習を通して、やさしいところから到達目標まで、テンポよくステップアップしながら力をつけることができます。
- ●書き込み式と1日単位の紙面構成で、毎日学習する習慣が身につきます。

くもんの問題集

- ●たくさんの練習問題が、効果的なグルーピングと順番でまとまっている本で、力をしっかり定着させることができます。
- ●基礎〜標準〜発展・応用まで、目的やレベルにあわせて、さまざまな種類の問題集が用意されています。

くもんのテスト

- ●力が十分に身についているかどうかを測るためのものです。苦手がはっきりわかるので、効率的な復習につなげることができます。

くもんのワーク

- ●1冊の中でバリエーションにとんだタイプの問題に取り組み、はじめての課題や教科のわくにおさまらない課題でも、しっかり見通しを立て、自ら答えを導きだせる力が身につきます。

2020年11月現在

「お子さまが自分自身で解き進められる」
次の一歩につながるこのことを、
くもんの学習書は大切にしています。

くもんのドリル

- **小学ドリルシリーズ** 国/算/英
- **にがてたいじドリルシリーズ** 国/算
- **いっきに極めるシリーズ** 国/算/英
- **夏休みドリルシリーズ** 国・算・英
- **夏休みもっとぐんぐん復習ドリルシリーズ** 国/算
- **総復習ドリルシリーズ** 国・算・英・理・社※1・2年生はせいかつ
- **文章題総復習ドリルシリーズ** 国・算

くもんの問題集

- **集中学習 ぐ〜んと強くなるシリーズ** 国/算/理/社
- **算数の壁をすらすら攻略シリーズ** (大きなかず/とけい など)
- **おさらいできる本シリーズ** 算(単位/図形)

くもんのテスト

- **小学ドリル 学力チェックテストシリーズ** 国/算/英

くもんのワーク

- **読解力を高める ロジカル国語シリーズ**
- **小学1・2年生のうちにシリーズ** 理/社

くもんの小学生向け学習書
くわしくはこちら ➡

🔊 **3** 次の___に合う単語を ▢ から選んで ▢ に書きましょう。うすい字もなぞりましょう。書けたら音声を聞きましょう。　　【1問10点】

（1）今日，大阪は風が強いです。

It is ＿＿＿＿＿＿＿ in Osaka today.

（2）私はつかれています。

I'm ＿＿＿＿＿＿＿ .

（3）今日福岡は寒いです。

It is ＿＿＿＿＿＿＿ in Fukuoka today.

（4）私は今ねむいです。

I'm ＿＿＿＿＿＿＿ now.

> sleepy / cold
>
> windy / tired

4 次のせりふの___の部分を考えて ▢ に書き，英文を完成させましょう。71 ページ **4** で答えた単語を見直してもよいでしょう。　　【全部で20点】

> 今日は＿＿（天気）です。
> 私は＿＿（季節）が好きです。

It is ＿＿＿＿＿＿＿ today.

I like ＿＿＿＿＿＿＿ .

🔊 **1** 音声を聞いて，単語の読み方と意味を確認しましょう。そのあと，自分で声に出して言ってから，うすい字をなぞりましょう。【全部なぞって30点】

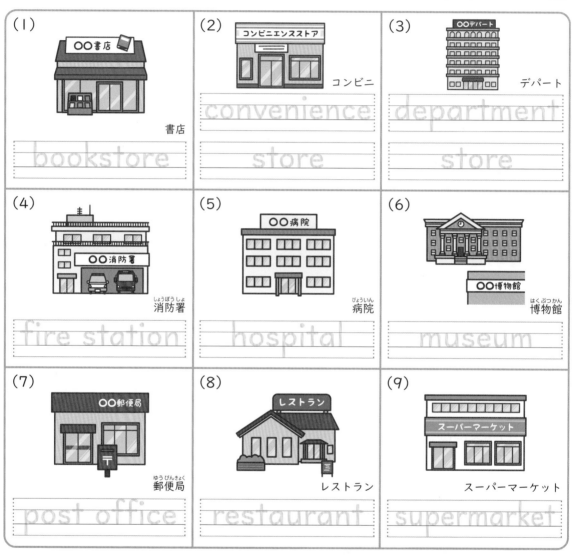

(1) 書店　bookstore

(2) コンビニ　convenience store

(3) デパート　department store

(4) 消防署　fire station

(5) 病院　hospital

(6) 博物館　museum

(7) 郵便局　post office

(8) レストラン　restaurant

(9) スーパーマーケット　supermarket

🔊 **2** 音声を聞いて，聞こえた順に，1～4の番号を□に書きましょう。【1問5点】

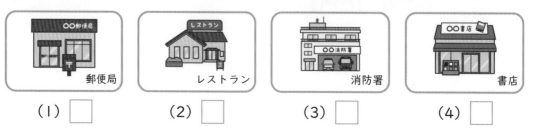

郵便局　　レストラン　　消防署　　書店

(1) □　　(2) □　　(3) □　　(4) □

3 合うものを線でつなぎましょう。つないだら，単語をなぞりましょう。

【1問10点】

（1）

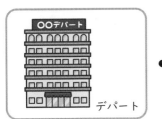
デパート

●　　　　　　　　●　hospital

（2）

病院

●　　　　　　　　●　department store

（3）

スーパーマーケット

●　　　　　　　　●　supermarket

4 次の日本文に合うように，下の ▢ から単語を選んで ＝ に書き，英文を完成させましょう。

【1問10点】

（1）あれはレストランですか。

Is that a ⎰⎱ ？

（2）私たちの町には博物館があります。

We have a ⎰⎱ in our town.

museum / restaurant

◀)) town ＝町

名所や自然

🔊 **1** 音声を聞いて，単語の読み方と意味を確認しましょう。そのあと，自分で声に出して言ってから，うすい字をなぞりましょう。　【全部なぞって 30 点】

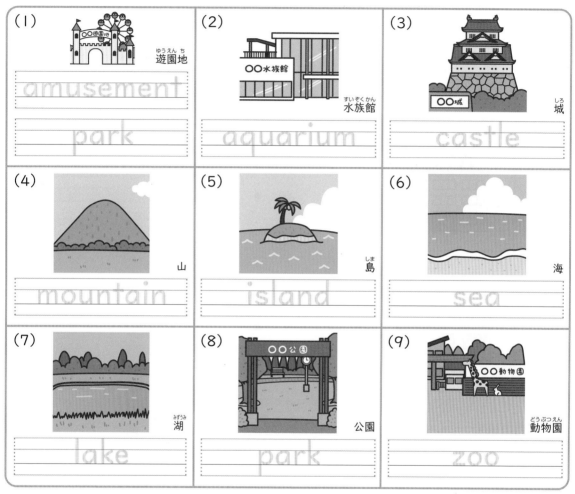

(1) 遊園地
amusement park

(2) ○○水族館
aquarium

(3) ○○城 城
castle

(4) 山
mountain

(5) 島
island

(6) 海
sea

(7) 湖
lake

(8) ○○公園 公園
park

(9) ○○動物園 動物園
zoo

「みどり公園」のように公園の名前を言うときは，Midori Park などとあらわすよ。

🔊 **2** 音声を聞いて，聞こえた順に，1〜4 の番号を□に書きましょう。【1問5点】

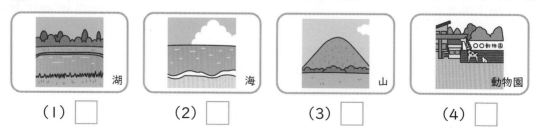

(1) □ 湖　　(2) □ 海　　(3) □ 山　　(4) □ 動物園

3 合うものを線でつなぎましょう。つないだら，単語をなぞりましょう。

【1問10点】

(1)

城

・　　　・　aquarium

(2)

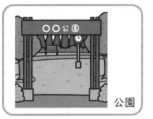

公園

・　　　・　castle

(3)

水族館

・　　　・　park

4 次の質問に，日本語と英語で答えましょう。下の〔　〕から英語を選んで，4線の位置や大きさに気をつけて書きましょう。

【20点】

あなたはどこに行きたいですか。

私は 〔　　　　　　　　　〕 に行きたいです。

I want to go to 〔　　　　　　　　　　　〕.

an amusement park / an aquarium / a castle / the mountain

an island / the sea / a lake / a park / a zoo

🔊 want to 〜＝〜したい／go to 〜＝〜に行く

施設／名所や自然

🔊 **1** 音声を聞いて，英文の読み方と意味を確認しましょう。そのあと，自分で声に出して言ってから，うすい字をなぞりましょう。 【全部なぞって20点】

What is that?

（あれは何ですか。）

It is a bookstore.

（それは書店です。）

Where do you want to go?

（あなたはどこに行きたいですか。）

I want to go to a lake.

（私は湖に行きたいです。）

---

2 日本文に合う英文を完成させましょう。☐☐は ア から，☐☐は イ から選びます。

【1問10点】

（1）私たちの町には病院があります。

We ☐☐☐☐☐☐ a ☐☐☐☐☐☐☐☐☐ in our town.

（2）私たちはレストランに行きたいです。

We want to ☐☐☐☐☐☐ to a ☐☐☐☐☐☐☐ .

ア	have	イ	restaurant
	go		hospital

🔊 **3** 次の＿＿に合う単語を ▨ から選んで □ に書きましょう。うすい字もなぞりましょう。書けたら音声を聞きましょう。　　　【1問10点】

（1）あれは博物館です。

> That is a ［　　　　　　］ .

（2）私は水族館に行きたいです。

> I want to go to an ［　　　　　　　］ .

（3）これは郵便局です。

> This is a ［　　　　　　］ .

（4）私たちの町には城があります。

> We have a ［　　　　　　］ in our town.

> castle / museum
>
> aquarium / post office

4 次のせりふの＿＿の部分を考えて □ に書き，英文を完成させましょう。79ページ **4** で答えた単語を見直してもよいでしょう。単語の前には a か an をつけましょう。　　　【20点】

> 私たちの町には＿＿（施設名）＿＿があります。

> We have ［　　　］［　　　　　］
>
> in our town.

81

🔊 **1** 音声を聞いて，読まれた単語をさがして ◯ でかこみましょう。　【1問5点】

（例）

z	m	u	s	e	u	m	z
o	b	f	w	c	o	o	l
o	a	g	h	j	k	t	v
n	y	z	c	v	c	h	d
p	a	c	t	i	v	e	r
q	f	a	t	h	e	r	m

（1）　　（2）

（3）　　（4）

🔊 **2** 音声を聞いて，それぞれの子が話す内容に合っている単語をそれぞれ選んで，線でつなぎましょう。　【1問10点】

（1） ニック ●　　●｜ sister ｜●　　●｜ kind ｜

（2）ナタリー ●　　●｜ grandfather ｜●　　●｜ funny ｜

（3）サム ●　　●｜ brother ｜●　　●｜ friendly ｜

読んでわかる　見ながら書ける

3 拓海の家族についてのしょうかい文です。日本語に合うように，単語を▢から選んで▢に書きましょう。使わない単語もあります。うすい字もなぞりましょう

【1問15点】

(1) 和代は私のおばあさんです。彼女は優しいです。

Kazuyo is my _____ .

She is _____ .

(2) 翼は私の兄です。彼は強いです。

Tsubasa is my _____ .

_____ is _____ .

sister / strong / gentle

father / grandmother / active

He / brother / cool

自分で書ける　自分で言える

4 あなたたちの町にある施設と，あなたが好きな名所を▱に書きましょう。76〜81ページを参考にしましょう。書き終えたら自分で言ってみましょう。　【全部で20点】

▢　We have a[an] _____ in our town.

▢　I like _____ .

言えたら▢に✓をしましょう。

83

動作・状態 1

◀)) **1** 音声を聞いて，単語の読み方と意味を確認しましょう。そのあと，自分で声に出して言ってから，うすい字をなぞりましょう。　【全部なぞって 20 点】

(1) おどる
dance

(2) （〜を）歌う
sing

(3) 泳ぐ
swim

(4) スキーをする
ski

(5) 走る
run

(6) スケートをする
skate

(7) （〜を）料理する
cook

(8) Hello.　（〜を）話す
speak

(9) とぶ
jump

(10) 歩く
walk

jump high「高くとぶ」，run fast「速く走る」の表現も知っておこう。

🔊 **2** 音声を聞いて，聞こえた方の（　　　）内の単語に○をしましょう。　【1問10点】

(1)
Hello. 話す
（ speak ）

歌う
（ sing ）

(2)
とぶ
（ jump ）

おどる
（ dance ）

(3)
走る
（ run ）

泳ぐ
（ swim ）

(4)
料理する
（ cook ）

歩く
（ walk ）

(5)
スケートをする
（ skate ）

Hello. 話す
（ speak ）

(6)
走る
（ run ）

スキーをする
（ ski ）

3 次の質問に，日本語と英語で答えましょう。84ページで学んだ単語から選んで，4線の位置や大きさに気をつけて書きましょう。　【1問10点】

(1) あなたは何をじょうずにすることができますか。

私はじょうずに　〔　　　　　　　　　　　　　〕ことができます。

I can 〔　　　　　　　　　　　〕 well.

(2) あなたの友だちは何をすることができますか。

私の友だちは　〔　　　　　　　　　　　　　〕ことができます。

My friend can 〔　　　　　　　　　　　　　〕.

🔊 can ＝～することができる / well ＝じょうずに

動作・状態 2

Words ②

🔊 **1** 音声を聞いて，単語の読み方と意味を確認しましょう。そのあと，自分で声に出して言ってから，うすい字をなぞりましょう。　【全部なぞって 20 点】

(1) 〜が好きである like	(2) （〜を）勉強する study	(3) 〜を食べる eat
(4) 〜を楽しむ enjoy	(5) 行く go	(6) 〜に参加する join
(7) 〜をする，〜を演奏する play	(8) 〜を持っている，〜を飼う have	(9) 〜を手伝う，助ける help
(10) 〜がほしい want	(11) 〜を見る，〜に会う see	(12) （〜を）練習する practice

🔊 **2** 音声を聞いて，聞こえた方の（　　）内の単語に〇をしましょう。【1問10点】

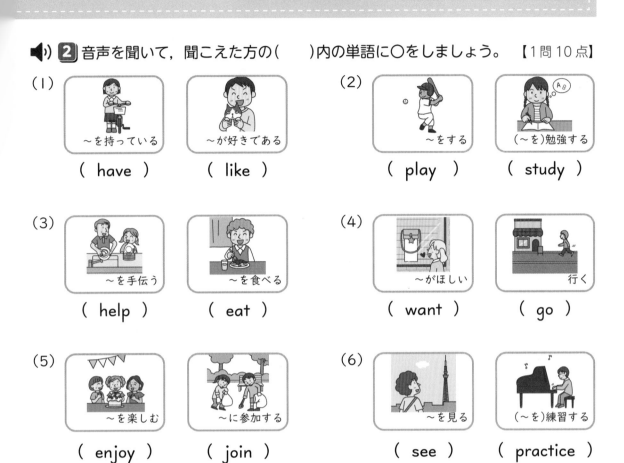

（1）

～を持っている
（ have ）

～が好きである
（ like ）

（2）

～をする
（ play ）

（～を）勉強する
（ study ）

（3）

～を手伝う
（ help ）

～を食べる
（ eat ）

（4）

～がほしい
（ want ）

行く
（ go ）

（5）

～を楽しむ
（ enjoy ）

～に参加する
（ join ）

（6）

～を見る
（ see ）

（～を）練習する
（ practice ）

3 次の日本文に合うように，下の▨▨から単語を選んで＝＝に書き，英文を完成させましょう。【1問10点】

（1）私は算数を勉強したいです。

I want to ＿＿＿＿＿＿＿＿ math.

（2）私は犬を飼っています。

I ＿＿＿＿＿＿＿＿ a dog.

have / study

動作・状態 1・2

🔊 **1** 音声を聞いて，英文の読み方と意味を確認しましょう。そのあと，自分で声に出して言ってから，うすい字をなぞりましょう。　【全部なぞって 10 点】

I can sing well.
（私はじょうずに歌うことができます。）

What do you want to study?
（あなたは何を勉強したいですか。）

I want to study science.
（私は理科を勉強したいです。）

2 次の日本文に合うように，下の ⬜ から単語を選んで ══ に書き，英文を完成させましょう。　【1問 10 点】

（1）私は算数を勉強したいです。

I want to ＿＿＿＿＿＿＿＿＿＿ math.

（2）彼女はじょうずにギターをひくことができます。

She can ＿＿＿＿＿＿＿＿＿＿ the guitar well.

（3）私はカレーライスを料理することができます。

I can ＿＿＿＿＿＿＿＿＿＿ curry and rice.

cook / study / play

🔊 **3** 次の＿＿に合う単語を ⬜ から選んで □ に書きましょう。うすい字もなぞりましょう。書けたら音声を聞きましょう。　　　　【1問10点】

（1）私はコンピュータを<ruby>持<rt>も</rt></ruby>っています。

I ＿＿＿＿＿＿＿＿＿ a computer.

（2）私の兄は<ruby>速<rt>はや</rt></ruby>く<u>走る</u>ことができます。

My brother can ＿＿＿＿＿＿＿＿ fast.

（3）私は英語をじょうずに<u>話す</u>ことができます。

I can ＿＿＿＿＿＿＿＿ English well.

（4）私は<u>スキーをし</u>たいです。

I want to ＿＿＿＿＿＿＿＿.

> run / have
> ski / speak

4 次のせりふの＿＿の<ruby>部分<rt>ぶ ぶん</rt></ruby>を考えて □ に書き，英文を完成させましょう。85ページ **3** で答えた単語を見直してもよいでしょう。「動作」は84，86ページで学んだ単語から選んで書きましょう。　　　　【20点】

> 私は＿＿（動作）＿＿ことができます。

I can ＿＿＿＿＿＿＿＿.

動作・状態 3

🔊 **1** 音声を聞いて，英語の読み方と意味を確認しましょう。そのあと，自分で声に出して言ってから，うすい字をなぞりましょう。　【全部なぞって 30 点】

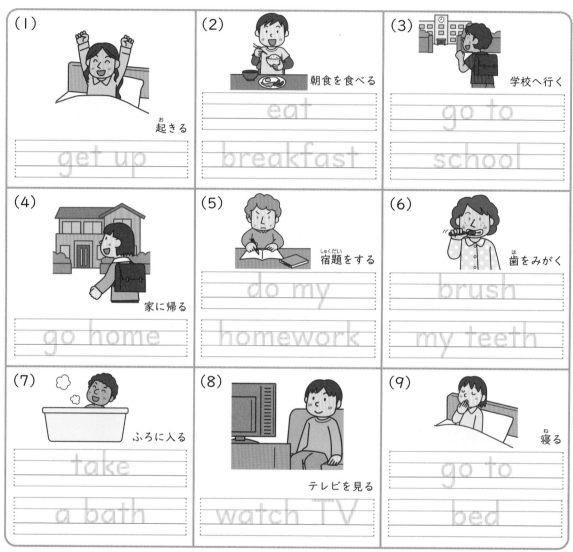

(1) 起きる
get up

(2) 朝食を食べる
eat breakfast

(3) 学校へ行く
go to school

(4) 家に帰る
go home

(5) 宿題をする
do my homework

(6) 歯をみがく
brush my teeth

(7) ふろに入る
take a bath

(8) テレビを見る
watch TV

(9) 寝る
go to bed

🔊 **2** 音声を聞いて，聞こえた順に，1〜4の番号を□に書きましょう。【1問5点】

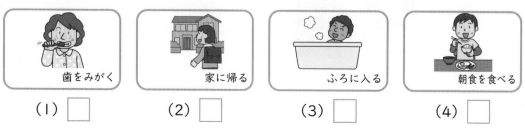

歯をみがく　　家に帰る　　ふろに入る　　朝食を食べる

(1) □　　(2) □　　(3) □　　(4) □

3 絵の内容をあらわすように，　　の中から単語を選んで書きましょう。【1問10点】

(1)

:............................: to bed

(2)

:............................: TV

(3)

:............................: my homework

(4)

:............................: up

get / do

go / watch

4 次の質問に，日本語と英語で答えましょう。90ページを見ながら，4線の位置や大きさに気をつけて書きましょう。　　　　　　　　　　　　　【10点】

あなたはふだん午後7時に何をしますか。

私はふだん午後7時に :............................:。

I usually :............................: at 7 p.m.

🔊) usually ＝ふだん，たいてい／at ＝～時に／p.m. ＝午後

13 Words ② 頻度・時刻・場所

🔊 **1** 音声を聞いて，単語の読み方と意味を確認しましょう。そのあと，自分で声に出して言ってから，うすい字をなぞりましょう。 【全部なぞって30点】

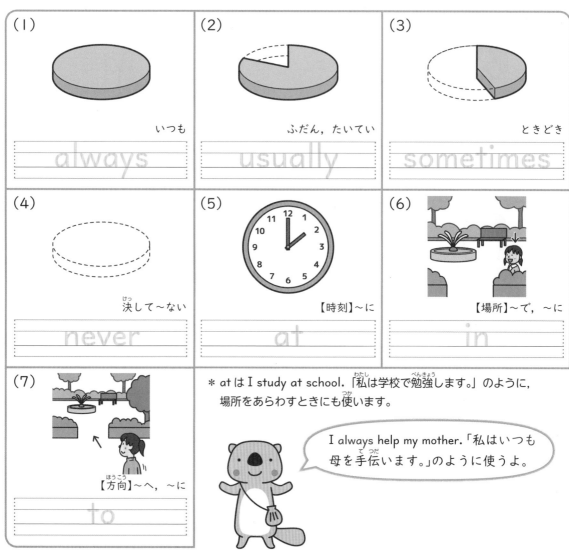

(1) いつも
always

(2) ふだん，たいてい
usually

(3) ときどき
sometimes

(4) 決して〜ない
never

(5) 【時刻】〜に
at

(6) 【場所】〜で，〜に
in

(7) 【方向】〜へ，〜に
to

＊ at は I study at school.「私は学校で勉強します。」のように，場所をあらわすときにも使います。

I always help my mother.「私はいつも母を手伝います。」のように使うよ。

🔊 **2** 音声を聞いて，聞こえた順に，1〜4の番号を□に書きましょう。【1問5点】

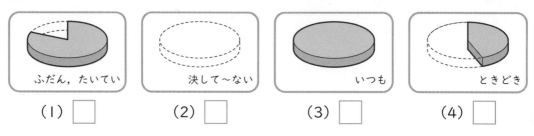

ふだん，たいてい　　決して〜ない　　いつも　　ときどき

(1) □　　(2) □　　(3) □　　(4) □

92

3 次の日本語に合うように，下の ▢ から英語を選んで ═ に書きましょう。

【1問10点】

（1）学校へ行く

go ＿＿＿＿＿＿＿＿＿＿＿ school

（1）と（3）は「場所」，
（2）は「時刻」をあら
わす語が入るよ！

（2）8時に

＿＿＿＿＿＿＿＿＿＿＿ 8:00

（3）公園で

＿＿＿＿＿＿＿＿＿＿＿ the park

at / in / to

4 次の質問に，日本語と英語で答えましょう。92ページを見ながら，4線の位置や
大きさに気をつけて書きましょう。

【1問10点】

（1）あなたは部屋のそうじをどのくらいしますか。

私は部屋のそうじを ▢ 。

I ＿＿＿＿＿＿＿＿＿＿＿ clean my room.

（2）あなたは何時に起きますか。

私は ▢ に起きます。

I get up ＿＿＿＿＿＿＿＿＿＿＿ .

時刻は at six や at 6:00 のように書くよ。

🔊) clean ＝～をそうじする / room ＝部屋

93

動作・状態 3／頻度・時刻・場所

🔊 **1** 音声を聞いて，英文の読み方と意味を確認しましょう。そのあと，自分で声に出して言ってから，うすい字をなぞりましょう。　【全部なぞって 20 点】

What time do you get up?
（あなたは何時に起きますか。）

I get up at 6:00.

（私は 6 時に起きます。）

＊「午前 7 時に」と言いたいときは at 7:00 a.m.，「午後 7 時に」
　と言いたいときは at 7:00 p.m. とあらわすよ。

I sometimes swim in the sea.

（私はときどき海で泳ぎます。）

2 日本文に合う英文を完成させましょう。　は　ア　から，　は　イ　から選びます。
【1 問 10 点】

（1）私は決してテレビを見ません。

I _____ _____ .

（2）私たちはいつも 7 時半に朝食を食べます。

We _____ _____ at 7:30.

ア	always	イ	watch TV
	never		eat breakfast

🔊 **3** 次の___に合う英語を▨から選んで□に書きましょう。うすい字もなぞりましょう。書けたら音声を聞きましょう。　　　　　【1問10点】

(1) 私は7時半に宿題をします。

| I | | at 7:30. |

(2) 私たちはたいてい公園で走ります。

| We | | run | | the park. |

(3) 私は9時に, ふろに入ります。

| I | | | 9:00. |

(4) 私はときどき遊園地に行きます。

| I | | go | |
| the amusement park. | | | |

> usually / sometimes / take a bath
>
> do my homework / at / in / to

4 次のせりふの___の部分を考えて□に書き, 英文を完成させましょう。93ページ**4**で答えた単語を見直してもよいでしょう。　　　　　【20点】

> 私はたいてい　（時刻）　に起きます。

| I usually get up | | | . |

14 Words ① 過去の動作・状態

🔊 **1** 音声を聞いて，単語の読み方と意味を確認しましょう。そのあと，自分で声に出して言ってから，うすい字をなぞりましょう。 【全部なぞって30点】

(1) eat の過去形（〜を食べた）

ate

(2) go の過去形（行った）

went

(3) enjoy の過去形（〜を楽しんだ）

enjoyed

(4) have の過去形（〜を持っていた）

had

(5) see の過去形（〜を見た）

saw

(6) play の過去形（〜をした，〜を演奏した）

played

(7) watch の過去形（〜を見た）

watched

「〜を食べる」は eat だけど，「〜を食べた」は ate だね。英語では，過去のことをあらわすときは，過去をあらわす語を使うんだ！

🔊 **2** 音声を聞いて，聞こえた順に，1〜4の番号を□に書きましょう。【1問5点】

play の過去形 (1) □ 　 enjoy の過去形 (2) □ 　 see の過去形 (3) □ 　 eat の過去形 (4) □

3 動作・状態をあらわす語（〜する）とその過去形（〜した）を線でつなぎましょう。
つないだら，単語をなぞりましょう。　　　　　　　　　　　　　　【1問10点】

（1）

watch
〜を見る

・　　　・

had

（2）

go
行く

・　　　・

went

（3）

have
〜を持っている

・　　　・

watched

4 次の日本文に合うように，下の □□ から単語を選んで ═ に書き，英文を完成させましょう。　　　　　　　　　　　　　　　　　　　　　　　　【1問10点】

（1）私はスパゲッティを食べました。

I _____ spaghetti.

（2）私たちは動物園に行きました。

We _____ to the zoo.

went / ate

97

感想・気持ち

◀)) **1** 音声を聞いて，単語の読み方と意味を確認しましょう。そのあと，自分で声に
出して言ってから，うすい字をなぞりましょう。　【全部なぞって 30 点】

(1) よい　good	(2) すてきな　nice	(3) 楽しい　fun
(4) すばらしい　great	(5) おいしい　delicious	(6) わくわくするような　exciting
(7) 美しい　beautiful	(8) おもしろい，興味深い　interesting	good や nice よりも great の方が「よりよい」ことをあらわせるよ！

◀)) **2** 音声を聞いて，聞こえた順に，1〜4の番号を□に書きましょう。【1問5点】

おもしろい，興味深い　　　すばらしい　　　美しい　　　楽しい

(1) □　　　(2) □　　　(3) □　　　(4) □

3 合うものを線でつなぎましょう。つないだら，単語をなぞりましょう。

【1問10点】

（1）

すてきな

●　　　　●　exciting

（2）

わくわくするような

●　　　　●　good

（3）

よい

●　　　　●　nice

4 次の日本文に合うように，下の ◯ から単語を選んで ＝＝ に書き，英文を完成させましょう。

【1問10点】

（1）この本はおもしろいです。

This book is _____ .

（2）そのピザはおいしかったです。

The pizza was _____ .

delicious / interesting

🔊 was ＝ is，am の過去形

14 Words ③ 〜ing (〜すること)

🔊 **1** 音声を聞いて，単語の読み方と意味を確認しましょう。そのあと，自分で声に
出して言ってから，うすい字をなぞりましょう。　【全部なぞって 30 点】

(1) キャンプ
camping

(2) つり
fishing

(3) ハイキング
hiking

(4) ジョギング
jogging

(5) 買い物
shopping

(6) 読書
reading

(7) 料理
cooking

camp（キャンプをする），fish（つり
をする）などの動作をあらわす語に
〜ing をつけると，「〜すること」と
いう意味になるよ。

🔊 **2** 音声を聞いて，聞こえた順に，1〜4の番号を□に書きましょう。【1問5点】

読書　　つり　　買い物　　キャンプ

(1) □　　(2) □　　(3) □　　(4) □

3 合うものを線でつなぎましょう。つないだら，単語をなぞりましょう。

【1問10点】

（1）

ジョギング

・　　　・　jogging

（2）

料理

・　　　・　shopping

（3）

買い物

・　　　・　cooking

4 次の質問に，日本語と英語で答えましょう。100ページで学んだ単語から選んで書きましょう。100ページを見ながら，4線の位置や大きさに気をつけて書きましょう。

【1問10点】

（1）あなたは何をするのが好きですか。

私は [　　　　　　　] が好きです。

I like [　　　　　　　] .

（2）あなたは昨日何を楽しみましたか。

私は昨日 [　　　　　　　] を楽しみました。

I enjoyed [　　　　　　　] yesterday.

🔊 yesterday ＝昨日（は）

14 Words in Sentences 過去の動作・状態／感想・気持ち／〜ing（〜すること）

🔊 **1** 音声を聞いて，英文の読み方と意味を確認しましょう。そのあと，自分で声に出して言ってから，うすい字をなぞりましょう。 【全部なぞって10点】

What did you enjoy yesterday?
（あなたは昨日何を楽しみましたか。）

I   enjoyed   camping   yesterday.
（私は昨日キャンプを楽しみました。）

It was fun .

（それは楽しかったです。）

---

2 次の日本文に合うように，下の ⬤ から単語を選んで ＝ に書き，英文を完成させましょう。 【1問10点】

（1）私はつりが好きです。

I like _____ .

（2）私たちは昨日城を見ました。

We _____ the castle yesterday.

（3）私の妹は昨日テニスをしました。

My sister _____ tennis yesterday.

saw / played / fishing

3 次の＿＿に合う単語を▨から選んで□に書きましょう。うすい字もなぞりましょう。書けたら音声を聞きましょう。　【1問10点】

（1）私は昨日テレビを見ました。

I _____ TV yesterday.

（2）それはおもしろかったです。

It was _____.

（3）私たちはハイキングが好きです。

We like _____.

（4）彼は読書を楽しみました。

He _____ _____.

watched / enjoyed / interesting

reading / hiking

4 次のせりふの＿＿の部分を考えて□に書き，英文を完成させましょう。「～すること」は100ページ，「感想」は98ページの単語から選んで書きましょう。101ページ**4**で答えた単語を見直してもよいでしょう。　【全部で20点】

私は昨日＿＿（～すること）＿＿を楽しみました。
それは＿＿（感想）＿＿でした。

I enjoyed _____ yesterday.

It was _____.

103

12〜14 確認問題 ④

聞いてわかる　読んでわかる

🔊 **1** 音声を聞いて，それぞれの絵があらわす単語を完成させましょう。(1)〜(4) に入れたアルファベットをつなげると，ある単語になります。それを◯◯から選んで書きましょう。

【全部で 20 点】

(1)

◻tudy

(2)

◻ant

(3)

sk◻

(4)

ju◻p

答え
(1)〜(4)のアルファベット
をならべてできる単語

_____
_____

join / sing / swim

聞いてわかる　読んでわかる

🔊 **2** 音声を聞いて，合うものを◯◯からそれぞれ選んで書き，智也の 1 日をあらわす表を完成させましょう。

【1問 10 点】

午前	7：00	get up
	7：20	(1)
	7：50	go to school
午後		
	5：30	(2)
	7：00	(3)
	8：00	take a bath
	10：00	go to bed

(1)

_____
_____

(2)

_____
_____

(3)

_____
_____

go home / eat breakfast / do my homework

読んでわかる

3 さくらの昨日の日記です。英文を読んで，質問の答えとして正しいものを○でかこみましょう。
【1問10点】

> I went to the mountains.
> I enjoyed hiking.
> I saw a beautiful lake.
> I ate sandwiches.
> It was exciting.

（1）さくらは山で何を楽しみましたか。

　　（　　ハイキング　　・　　キャンプ　　）

（2）さくらは何を見ましたか。

　　（　　海　　・　　湖　　）

（3）さくらは昨日の出来事についてどう思いましたか。

　　（　　すてきだった　　・　　わくわくした　　）

自分で書ける　　自分で言える

4 あなたができることと，あなたの家族や身の回りの人ができることを＝＝に書きましょう。84〜87ページを参考にしましょう。書き終えたら自分で言ってみましょう。
【全部で20点】

☐ I can _____ .

☐ My _____ can _____

　　well.

言えたら☐に✓をしましょう。

105

職業 1

🔊 **1** 音声を聞いて，単語の読み方と意味を確認しましょう。そのあと，自分で声に出して言ってから，うすい字をなぞりましょう。

【全部なぞって 20 点】

(1) 俳優 actor	(2) 芸術家 artist	(3) 宇宙飛行士 astronaut
(4) パン屋 baker	(5) 野球選手 baseball player	(6) バス運転士 bus driver
(7) まんが家 cartoonist	(8) コメディアン comedian	(9) コック cook
(10) ダンサー dancer	(11) デザイナー designer	(12) 医者 doctor
(13) 消防士 fire fighter	(14) 花屋 florist	(15) ゲームクリエーター game creator

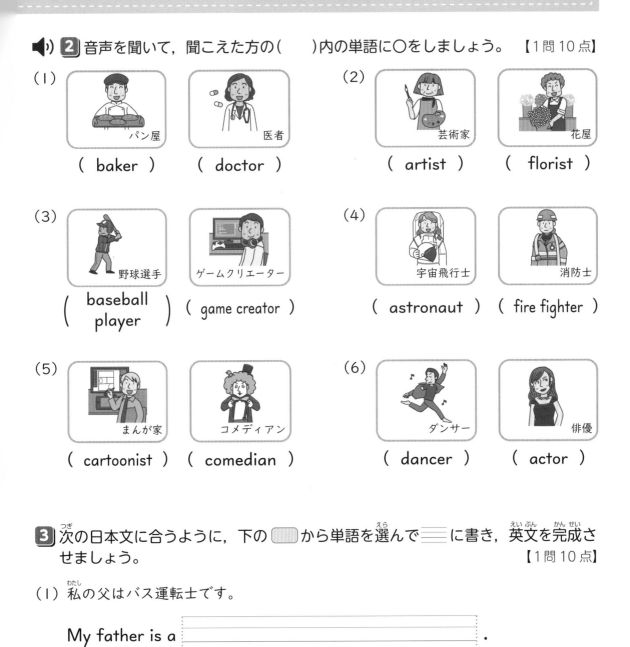

🔊 **2** 音声を聞いて，聞こえた方の(　)内の単語に〇をしましょう。　【1問10点】

(1)
パン屋　　　　医者
(　baker　)　　(　doctor　)

(2)
芸術家　　　　花屋
(　artist　)　　(　florist　)

(3)
野球選手　　　ゲームクリエーター
(　baseball player　)　(　game creator　)

(4)
宇宙飛行士　　消防士
(　astronaut　)　(　fire fighter　)

(5)
まんが家　　　コメディアン
(　cartoonist　)　(　comedian　)

(6)
ダンサー　　　俳優
(　dancer　)　　(　actor　)

3 次の日本文に合うように，下の▨▨から単語を選んで＝＝に書き，英文を完成させましょう。
【1問10点】

(1) 私の父はバス運転士です。

　　My father is a _____ .

(2) 私の姉はコックです。

　　My sister is a _____ .

cook / bus driver

107

15 Words ② 職業 2

🔊 **1** 音声を聞いて，単語の読み方と意味を確認しましょう。そのあと，自分で声に出して言ってから，うすい字をなぞりましょう。　【全部なぞって 20 点】

(1) 美容師　hairdresser

(2) イラストレーター　illustrator

(3) 幼稚園の先生　kindergarten teacher

(4) 音楽家，ミュージシャン　musician

(5) 看護師　nurse

(6) パティシエ　pastry chef

(7) ペットトリマー　pet groomer

(8) パイロット　pilot

(9) プログラマー　programmer

(10) 科学者　scientist

(11) 歌手　singer

(12) サッカー選手　soccer player

(13) 先生，教師　teacher

(14) 獣医　vet

(15) 動物園の飼育員　zookeeper

🔊 **2** 音声を聞いて，聞こえた方の（　）内の単語に〇をしましょう。 【1問10点】

(1)

イラストレーター　　歌手

（ illustrator ）　（ singer ）

(2)

ペットトリマー　　プログラマー

（ pet groomer ）　（ programmer ）

(3)

幼稚園の先生　　サッカー選手

（ kindergarten teacher ）　（ soccer player ）

(4)

音楽家, ミュージシャン　　飼育員

（ musician ）　（ zookeeper ）

(5)

看護師　　科学者

（ nurse ）　（ scientist ）

(6)

パティシエ　　パイロット

（ pastry chef ）　（ pilot ）

3 次の日本文に合うように，下の▨▨から単語を選んで＝＝に書き，英文を完成させましょう。 【1問10点】

(1) 私は獣医になりたいです。

I want to be a _____ .

(2) 彼女は美容師です。

She is a _____ .

hairdresser / vet

🔊 want to be ～ ＝～になりたい

109

🔊 **1** 音声を聞いて，英文の読み方と意味を確認しましょう。そのあと，自分で声に出して言ってから，うすい字をなぞりましょう。　【全部なぞって 10 点】

My grandfather is

a teacher .

（私のおじいさんは先生です。）

・・

What do you want to be?　（あなたは何になりたいですか。）

I want to be

an astronaut .

（私は宇宙飛行士になりたいです。）

＊職業をあらわす語の前には a か an をつけます。職業をあらわす語の発音が母音(ア，イ，ウ，エ，オに近い音)で始まるときは an を，それ以外のときは a をつけます。

2 日本文に合う英文を完成させましょう。□□は ア から，□□は イ から選びます。
【1問 10 点】

（1）私は消防士になりたいです。

I want to be ｜　　　　　　｜ ｜　　　　　　　　　　　｜ .

（2）彼女は俳優です。

She is ｜　　　　　　｜ ｜　　　　　　　　　　｜ .

| ア | a |
| | an |

| イ | actor |
| | fire fighter |

110

🔊 3 次の＿＿に合う単語を ▢ から選んで ▢ に書きましょう。うすい字もなぞりましょう。書けたら音声を聞きましょう。　　　　　【1問10点】

(1) 私の姉は看護師です。

My sister is a　　　　　　　　　　　　　　　　.

(2) 彼は芸術家です。

He is an　　　　　　　　　　　　.

(3) 私はまんが家になりたいです。

I want to be a　　　　　　　　　　　　.

(4) 田中さん(Mr. Tanaka)は獣医です。

Mr. Tanaka is a　　　　　　　　　　　　.

(5) 私は幼稚園の先生です。

I am a　　　　　　　　　　　　　　　.

artist / nurse / kindergarten teacher

cartoonist / vet

4 次のせりふの＿＿の部分を考えて ▢ に書き，英文を完成させましょう。106・108ページで学んだ単語から選んで書きましょう。　　　　【20点】

私は＿＿(職業名)＿＿になりたいです。

＊職業名の前には a か an をつけます。

I want to be　　　　　　　　　　　　.

部活

1 音声を聞いて，単語の読み方と意味を確認しましょう。そのあと，自分で声に出して言ってから，うすい字をなぞりましょう。　【全部なぞって 30 点】

(1) 美術部　art club

(2) 吹奏楽部　brass band

(3) 放送部　broadcasting club

(4) 合唱部　chorus

(5) 演劇部　drama club

(6) 体操部　gymnastics team

(7) 新聞部　newspaper club

(8) 写真部　photography club

運動部は，baseball team や soccer team のように，「スポーツ名＋ team」であらわすよ！

2 音声を聞いて，聞こえた順に，1〜4の番号を□に書きましょう。【1問5点】

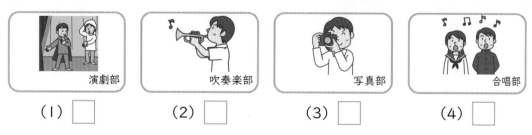

演劇部　　吹奏楽部　　写真部　　合唱部

(1) □　　(2) □　　(3) □　　(4) □

3 合うものを線でつなぎましょう。つないだら，単語をなぞりましょう。

【1問10点】

（1）

体操部

・

・

newspaper

club

（2）

放送部

・

・

broadcasting

club

（3）

新聞部

・

・

gymnastics

team

4 次の日本文に合うように，下の ▨ から単語を選んで ═ に書き，英文を完成させましょう。

【1問10点】

（1）彼女は吹奏楽部に入っています。

She is in the _____ .

（2）私は美術部に入りたいです。

I want to join the _____ .

art club / brass band

◀）) is[am, are] in the ～ ＝～部に入っている／join ～ ＝～に入る

学校行事

🔊 **1** 音声を聞いて，単語の読み方と意味を確認しましょう。そのあと，自分で声に出して言ってから，うすい字をなぞりましょう。 【全部なぞって 20 点】

(1) 学芸会
drama
festival

(2) 音楽会
music
festival

(3) 夏休み
summer
vacation

(4) ボランティアデー
volunteer day

(5) 入学式
entrance
ceremony

(6) 卒業式
graduation
ceremony

(7) マラソン大会
marathon

(8) 運動会
sports day

(9) 修学旅行
school trip

ほかにも，field trip（遠足）などがあるよ。

114

🔊 **2** 音声を聞いて，聞こえた方の(　　)内の単語に〇をしましょう。　【1問10点】

(1)

運動会
(sports day)

ボランティアデー
(volunteer day)

(2)

卒業式
(graduation ceremony)

夏休み
(summer vacation)

(3)

音楽会
(music festival)

学芸会
(drama festival)

(4)

修学旅行
(school trip)

入学式
(entrance ceremony)

(5)

マラソン大会
(marathon)

運動会
(sports day)

(6)

ボランティアデー
(volunteer day)

音楽会
(music festival)

3 次の質問に，日本語と英語で答えましょう。(2)は114ページで学んだ単語から選んで，4線の位置や大きさに気をつけて書きましょう。　【1問10点】

(1) 運動会は何月にありますか。

　　運動会は 　　　　　　　　 月にあります。

　　We have our 　　　　　　　　　　　 in 　　　　　　　　　　　 .

(2) あなたは何の学校行事を楽しみたいですか。

　　私は 　　　　　　　　　　　 を楽しみたいです。

　　I want to enjoy our 　　　　　　　　　　　　　　　 .

部活／学校行事

🔊 **1** 音声を聞いて，英文の読み方と意味を確認しましょう。そのあと，自分で声に出して言ってから，うすい字をなぞりましょう。　　【全部なぞって 20 点】

What club do you want to join?

（あなたは何の部活に入りたいですか。）

I want to join the

 .

（私は演劇部に入りたいです。）　　＊運動部は team を，文化部は club を使うことが多いです。

······························

We have our 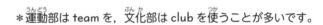 in October.

（修学旅行は 10 月にあります。）

---

2 次の日本文に合うように，下の ⬤ から単語を選んで ═ に書き，英文を完成させましょう。　　【1 問 10 点】

（1）私は体操部に入りたいです。

I want to join the _____ .

（2）学芸会は 12 月にあります。

We have our _____ in December.

---

gymnastics team / drama festival

🔊 ❸ 次の＿＿に合う単語を ▢ から選んで▢に書きましょう。うすい字もなぞりましょう。書けたら音声を聞きましょう。　　　　　　　　【1問10点】

（1）私は新聞部に入りたいです。

I want to join the _____。

（2）夏休みは7月と8月にあります。

We have _____

in July and August.

（3）私たちは放送部に入っています。

We are in the _____。

（4）私は音楽会を楽しみたいです。

I want to enjoy our _____。

> broadcasting club / newspaper club
>
> summer vacation / music festival

❹ 次のせりふの＿＿の部分を考えて▢に書き，英文を完成させましょう。学校行事は114ページで学んだ単語から選んで書きましょう。115ページ❸で答えた単語を見直してもよいでしょう。　　　　　　　　【全部で20点】

> 私は＿＿（学校行事）＿＿を楽しみたいです。
> 私は＿＿（部活名）＿＿に入りたいです。

I want to enjoy our _____。

I want to join the _____。

聞いてわかる 読んでわかる

🔊 **1** 音声を聞いて，はじめの音をあらわす文字に○をつけましょう。　【1問5点】

(1) [d / t]

(2) [b / v]

(3) [m / n]

(4) [s / c]

聞いてわかる 読んでわかる

🔊 **2** 音声を聞いて，それぞれの子が話す内容に合っている単語をそれぞれ選んで，線でつなぎましょう。　【1問10点】

(1)

渉 (わたる)

●   ● | drama club | ●   ● | music festival

(2)

菜々 (なな)

●   ● | brass band | ●   ● | school trip

(3)

広太 (こうた)

●   ● | newspaper club | ●   ● | volunteer day

読んでわかる　見ながら書ける

3 蓮と亜紀が将来の夢について話しています。日本文に合うように，単語を◯◯から選んで☐に書きましょう。使わない単語もあります。うすい字もなぞりましょう。

【1問 15 点】

（1）ぼくは蓮です。サッカーがとくいです。サッカー選手になりたいです。

I'm Ren. I'm good at soccer.

I want to be a

（2）私は亜紀です。算数がとくいです。算数の先生になりたいです。

I'm Aki. I'm good at math.

I want to be

a math

illustrator / soccer player / cook

teacher / fire fighter / musician

自分で書ける　自分で言える

4 あなたが中学校で入りたい部活と楽しみたい学校行事を＝＝に書きましょう。112〜115 ページを参考にしましょう。書き終えたら自分で言ってみましょう。

【全部で 20 点】

☐　I want to join the

☐　I want to enjoy our

言えたら☐に✓をしましょう。

聞 いてわかる 読 んでわかる

🔊 **1** 音声を聞いて，それぞれの□に共通して入るアルファベットを下から選んで書きましょう。 【1問10点】

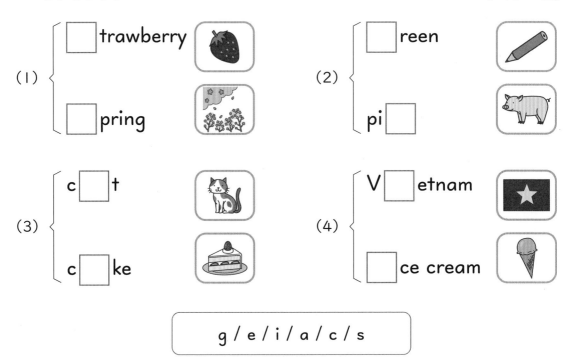

(1) ☐ trawberry / ☐ pring

(2) ☐ reen / pi ☐

(3) c ☐ t / c ☐ ke

(4) V ☐ etnam / ☐ ce cream

g / e / i / a / c / s

聞 いてわかる

🔊 **2** 音声を聞いて，それぞれどの子が話しているか，ア〜ウから選んで書きましょう。 【1問10点】

(1) ☐　　(2) ☐

ア
誕生日：9月11日
好きなもの：ピザ

イ
誕生日：4月5日
好きなもの：カレーライス

ウ
誕生日：9月5日
好きなもの：スパゲッティ

読んでわかる　見ながら書ける

3 穂乃花がお兄さんをしょうかいしています。日本文に合うように，単語を〇〇から選んで□に書きましょう。うすい字もなぞりましょう。　【全部で20点】

彼は私の＿＿兄＿＿です。彼は＿＿ミュージシャン＿＿
です。彼はじょうずにギターを＿＿演奏する＿＿
ことができます。彼は＿＿かっこいい＿＿です。

He is my ＿＿＿＿＿＿＿＿ .

He is a ＿＿＿＿＿＿＿＿ .

He can ＿＿＿＿＿＿＿＿ the guitar well.

He is ＿＿＿＿＿＿＿＿ .

brother / play / musician / cool

自分で書ける　自分で言える

4 あなたのとくいな教科と，その教科がある曜日を＝＝に書きましょう。48～51ページを参考にしましょう。書き終えたら自分で言ってみましょう。　【全部で20点】

☐　I'm good at ＿＿＿＿＿＿＿＿＿＿＿＿＿ .

☐　I have ＿＿＿＿＿＿＿ on ＿＿＿＿＿＿＿ .

言えたら□に✓をしましょう。

まとめのテスト2

聞いてわかる　読んでわかる

🔊 **1** 音声を聞いて，読まれた単語をさがして○でかこみましょう。単語は全部で4つ読まれます。

【全部できて30点】

k	p	x	b	a	l	l	t
c	m	l	f	w	t	d	e
a	v	i	o	l	i	n	n
p	n	o	m	k	r	u	n
y	s	n	o	g	t	h	i
s	o	c	c	e	r	j	s

聞いてわかる

🔊 **2** それぞれの子が中学校でやりたいことを話しています。内容に合うものを○でかこみましょう。

【1問10点】

(1) 沙也加は　①　{　理科　・　社会　}　を勉強したいです。

　　沙也加は　②　{　合唱部　・　テニス部　}　に入りたいです。

(2) 徹は　①　{　バスケットボール部　・　バレーボール部　}　に入りたいです。

　　徹は　②　{　マラソン大会　・　運動会　}　を楽しみたいです。

122

読んでわかる

3 次のエマ (Emma) の話を読んで，(1)〜(3) の質問の答えとして正しい絵をア〜ウから選んで書きましょう。　【1問10点】

I'm Emma．I'm from Canada．
We have a zoo in our town．
I want to be a zookeeper．

(1) エマの出身はどこですか。

　ア 　イ 　ウ

(2) エマの町には何がありますか。

　ア 　イ 　ウ

(3) エマは何になりたいですか。

　ア 　イ 　ウ

自分で書ける　　自分で言える

4 あなたが最近行った場所について ＝＝ に書きましょう。76〜79，98〜101 ページを参考にしましょう。書き終えたら自分で言ってみましょう。　【全部で20点】

☐　I went to the ＿＿＿＿＿＿＿＿＿＿＿＿＿＿＿＿＿＿＿＿＿＿＿＿＿ ．

☐　I enjoyed ＿＿＿＿＿＿＿＿＿＿＿＿＿＿＿＿＿＿＿＿＿＿＿＿＿＿＿ ．

☐　It was ＿＿＿＿＿＿＿＿＿＿＿＿＿＿＿＿＿＿＿＿＿＿＿＿＿＿＿＿＿ ．

言えたら☐に✓をしましょう。

123

さくいん

こんなにたくさんの英単語を学んだんだね。

124〜127ページを使って，英単語を復習しながら暗記しようっと。

公文式教室では、随時入会を受けつけています。

KUMONは、一人ひとりの力に合わせた教材で、
日本を含めた世界50を超える国と地域に「学び」を届けています。
自学自習の学習法で「自分でできた!」の自信を育みます。

公文式独自の教材と、
経験豊かな指導者の適切な指導で、
お子さまの学力・能力をさらに伸ばします。

お近くの教室や公文式についてのお問い合わせは

ミンナニ　ヒャクテン
0120-372-100

受付時間 9：30〜17：30　月〜金（祝日除く）

都合で教室に通えない
お子様のために、
通信学習制度を設けています。

通信学習の資料のご希望や通信学習についてのお問い合わせは

0120-393-373

受付時間 9：30〜17：30　月〜金（祝日除く）

お近くの教室を検索できます

公文式　 検索　

公文式教室の先生になることについてのお問い合わせは

0120-834-414

くもんの先生　検索　

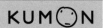 公文教育研究会

公文教育研究会ホームページアドレス
https://www.kumon.ne.jp/

いっきに極める小学英語
表現に使える英単語380

2021年12月　第1版第1刷発行

監修／卯城祐司（筑波大学）
　　　星野由子（千葉大学）
装丁／西垂水敦（krran）
本文デザイン／小野寺冬起（オノデラデザイン事務所）
カバーイラスト／コルシカ
本文イラスト／さややん。
編集協力／堀口知美（株式会社一校舎）
音声制作／ユニバ合同会社
ナレーター／ジュリア ヤマコフ・ドミニク アレン・木本景子（シグマ・セブン）

©2021 KUMON PUBLISHING Co.,Ltd.Printed in Japan
ISBN978-4-7743-3259-8

発行人／志村直人
発行所／株式会社くもん出版
　　　　〒108-8617
　　　　東京都港区高輪4-10-18　京急第1ビル13F
　　　　☎ 編集直通　03(6836)0317
　　　　　 営業直通　03(6836)0305
　　　　　 代表　　　03(6836)0301

印刷・製本／図書印刷株式会社

くもん出版ホームページ　https://www.kumonshuppan.com/